悦读时光 小学

经典阅读星计划

苹果里的星星

江 山 ◇ 主 编

张 岩 ◇ 本册编写

济南出版社

图书在版编目（CIP）数据

苹果里的星星／江山编著. —济南：济南出版社，
2013.12

（悦读时光）

ISBN 978-7-5488-1154-1

Ⅰ.①苹…　Ⅱ.①江…　Ⅲ.①阅读课—小学—课外读
物　Ⅳ.①G624.233

中国版本图书馆CIP数据核字（2013）第312616号

责任编辑　赵志坚　张倩妹
封面设计　胡大伟

出版发行　济南出版社
地　　址　济南市二环南路1号(250002)
发行热线　0531-86131729　86131731
印　　刷　山东临沂新华印刷物流集团有限公司
版　　次　2014年5月第1版
印　　次　2014年5月第1次印刷
成品尺寸　150毫米×230毫米　1／16
印　　张　10
字　　数　101千字
定　　价　25.00元

济南版图书,如有印装质量问题,请与出版社出版部联系调换
电话:0531-86131736

写在前面

新课标规定：义务教育阶段的学生每天应有 20~30 分钟的阅读时间。在这部分时间内，一、二年级背诵优秀诗文 50 篇（段），课外阅读总量不少于 5 万字；三、四年级背诵优秀诗文 50 篇（段），课外阅读总量不少于 40 万字；五、六年级背诵优秀诗文 60 篇（段），课外阅读总量不少于 100 万字。学生应充分利用这部分时间，通过老师和家长的参与，养成良好的阅读习惯。

牛津大学出版社开展的一项调查研究表明，爱读书的儿童更有可能会取得良好的学习成绩，在工作上有出色的表现。而眼下孩子沉迷于网络和电视，不愿意看书，是目前家长和老师最头疼的问题。只要孩子能够培养与书为伴的习惯，大多数老师和家长头疼的问题就能顺利解决。

"悦读时光书系"以"新课标"和教育部规定的"中小学生必读课外阅读书目"为编写指导,全书分6个年级24册,每册按4个主题单元编排,每个主题单元编排了2周的阅读内容,共8周的阅读计划。之所以划分得如此细致,是为了帮助学生加强阅读的计划性,进而将阅读内化为自身的一种习惯。

在选文上,我们提倡阅读中外经典,分享古今一流作品,所以从名家名篇、名著中选取最适合小学生阅读的精品。在编排上,每周分"晨诵""日读"和"暮思"三大板块。"晨诵"编选了最适合小学生诵读的经典古诗文;"日读"和"暮思"主要是围绕单元主题,编选了古今中外的美文和名著选段。在此基础上,我们对200多种经典作品进行阅读分级,并根据一定的主题进行吸收、整合,选择适合小学生各学段的经典作品。

希望"悦读时光书系"能使学生简洁、高效地接受美好、纯净的文学作品,愿每个同学都能成为"阅读之星"。

目 录

第一单元 七彩生活

1

第二单元 名人故事

第三单元 金色秋天

第四单元 用心发现

第一单元

七彩生活

zǎo chūn chéng shuǐ bù zhāng shí bā yuán wài
早春呈水部张十八员外

【唐】韩愈

tiān jiē xiǎo yǔ rùn rú sū
天街小雨润如酥，

cǎo sè yáo kàn jìn què wú
草色遥看近却无。

zuì shì yī nián chūn hǎo chù
最是一年春好处，

jué shèng yān liǔ mǎn huáng dū
绝胜烟柳满皇都。

【释义】 京城的街道上空丝雨纷纷，雨丝就像乳汁般细密而滋润，小草钻出地面，远望草色依稀连成一片，近看时却显得稀疏零星。一年之中最美的就是这早春的景色，它远胜过了绿杨满城的暮春。

【诵读指导】 注意读出作者对春天的喜爱之情。

huì chóng   chūn jiāng wǎn jǐng
惠崇《春江晚景》

【宋】苏轼

zhú wài táo huā sān liǎng zhī
竹外桃花三两枝，

chūn jiāng shuǐ nuǎn yā xiān zhī
春江水暖鸭先知。

lóu hāo mǎn dì lú yá duǎn
蒌蒿满地芦芽短，

zhèng shì hé tún yù shàng shí
正是河豚欲上时。

【释义】隔着疏落的翠竹望去，几枝桃花摇曳身姿。春江水中，鸭儿在嬉戏；江水回暖的讯息，它们首先感知到了。河滩上已经长满了蒌蒿，芦苇也开始抽芽了，而这恰是河豚正上市场的季节。

【诵读指导】注意读出诗人对春天将至的喜悦之情。

dì zǐ guī 弟子规

dì zǐ guī 弟子规	shèng rén xùn 圣人训	shǒu xiào tì 首孝悌	cì jǐn xìn 次谨信
fàn ài zhòng 泛爱众	ér qīn rén 而亲仁	yǒu yú lì 有余力	zé xué wén 则学文
fù mǔ hū 父母呼	yìng wù huǎn 应勿缓	fù mǔ mìng 父母命	xíng wù lǎn 行勿懒
fù mǔ jiào 父母教	xū jìng tīng 须敬听	fù mǔ zé 父母责	xū shùn chéng 须顺承

【释义】弟子规，是圣人的教诲。首先要孝敬父母、友爱兄弟姊妹，其次要谨言慎行、讲求信用。博爱大众，亲近有仁德的人。有多余的时间和精力，学习有益的学问。父母呼唤，应及时应答，不要拖延迟缓；父母交代的事情，要立刻动身去做，不可拖延或推辞偷懒。父母的教诲，应该恭敬地聆听；做错了事，受到父母的教育和责备时，应当虚心接受，不可强词夺理。

海上日出

巴 金

同学们，你们看过日出吗？日出的景色给作者留下了怎样的印象呢？下面我们就跟随巴金爷爷的笔触，一起到海上去观赏那里的日出景象，感受大自然中最"伟大的奇观"。

为了看日出，我常常早起。那时天还没有大亮，周围非常清静，船上只有机器的响声。

天空还是一片浅蓝，颜色很浅。转眼间天边出现了一道红霞，慢慢地在扩大它的范围，加强它的亮光。我知道太阳要从天边升起来了，便不转眼地望着那里。

果然过了一会儿，在那个地方出现了太阳的小半边脸，红是真红，却没有亮光。这个太阳好像负着重荷似的一步一步、慢慢地努力上升，到了最后，终于冲破了云霞，完全跳出了海面，颜色红得非常可爱。一刹那间，这个深红的圆东西，忽然发出了夺目的亮光，射得人眼睛发痛，它旁边的云片也突然有了光彩。

有时太阳走进了云堆中，它的光线却从云里射下来，直射到水面上。这时候要分辨出哪里是水，哪里是天，倒也不容易，因为我就只看见一片灿烂的亮光。

有时天边有黑云，而且云片很厚，太阳出来，人眼还看不见。

然而太阳在黑云里放射的光芒，透过黑云的重围，替黑云镶了一道发光的金边。后来太阳才慢慢地冲出重围，出现在天空，甚至把黑云也染成了紫色或者红色。这时候发亮的不仅是太阳、云和海水，连我自己也成了明亮的了。

这不是很伟大的奇观么？

读后
想一想

1. 文章第二自然段写了太阳还没出来时天空的景象，作者主要抓住了什么变化来写的？

2. 文章第三自然段中有很多写时间变化的词语，请把它们画下来。

3. 这篇文章表达了作者怎样的思想感情？

海滨仲夏夜

峻 青

夏日时分，漫步海滨，观赏夜幕下迷人的景色，该是一种多么令人陶醉的享受啊！快来读一读峻青的这篇文章，欣赏一下字里行间的夏夜之美……

夕阳落山不久，西方的天空，还燃烧着一片橘红色的晚霞。大海，也被这霞光染成了红色，而且比天空的景色更要壮观。因为它是活动的，每当一排排波浪涌起的时候，那映照在浪峰上的霞光，又红又亮，简直就像一片片霍霍燃烧着的火焰，闪烁着，消失了。而后面的一排，又闪烁着，滚动着，涌了过来。

天空的霞光渐渐地淡下去了，深红的颜色变成了绯红，绯红又变为浅红。最后，当这一切红光都消失了的时候，那突然显得高而远了的天空，则呈现出一片肃穆的神色。最早出现的启明星，在这深蓝色的天幕上闪烁起来了。它是那么大，那么亮，整个广漠的天幕上只有它在那里放射着令人注目的光辉，活像一盏悬挂在高空的明灯。

夜色加浓，苍空中的"明灯"越来越多了。而城市各处的真的灯火也次第亮了起来，尤其是围绕在海港周围山坡上的那一片灯光，从半空倒映在乌蓝的海面上，随着波浪，晃动着，闪烁着，像一串流动着的珍珠，和那一片片密布在苍穹里的星斗互相辉映，煞是好看。

在这幽美的夜色中，我踏着软绵绵的沙滩，沿着海边，慢慢地向前走去。海水，轻轻地抚摸着细软的沙滩，发出温柔的刷刷声。晚来的海风，清新而又凉爽。我的心里，有着说不出的兴奋和愉快。

夜风轻飘飘地吹拂着，空气中飘荡着一种大海和田禾相混合的香味，柔软的沙滩上还残留着白天太阳炙晒的余温。那些在各个工作岗位上劳动了一天的人们，三三两两地来到了这软绵绵的沙滩上，他们浴着凉爽的海风，望着那缀满了星星的夜空，尽情地说笑，尽情地休憩。愉快的笑声，不时地从这儿那儿飞扬开来，像平静的海面上不断地从这儿那儿涌起的波浪。

我漫步沙滩，徘徊在我的乡亲朋友们中间。

我看到，在那边，在一只底儿朝上反扣在沙滩上的木船旁边，是一群刚从田里收割麦子归来的人们，他们在谈论着今年的收成。今春，雨水足，麦苗长得旺，收成比去年好。眼下，又下了一场透雨，秋后的丰收局面，也大体可以确定下来了。人们为这大好年景所鼓舞着，谈话中也充满了愉快欢乐的笑声。

月亮上来了。

是一轮灿烂的满月。它像一面光辉四射的银盘似的，从那平静的大海里涌了出来。大海里，闪烁着一片鱼鳞似的银波。沙滩上，也突然明亮了起来，一片片坐着、卧着、走着的人影，看得清清楚楚了。啊！海滩上，居然有这么多的人在乘凉。说话声、欢笑声、唱歌声、嬉闹声，响遍了整个的海滩。

月亮升得很高了。它是那么皎洁，那么明亮。

夜已经深了。

沙滩上的人，有的躺在那软绵绵的沙滩上睡着了，有的还在谈笑。凉爽的风轻轻地吹拂着，皎洁的月光照耀着。让这些英雄的人们，在这自由的天幕下，干净的沙滩上，海阔天空地尽情谈笑吧，酣畅地休憩吧。

读后
想一想

1. 本文按什么顺序写出了夜景变化的景象？
2. 文中有很多句子，写得非常美，请选择几句读一读。
3. 你也许亲眼见过大海，也许只是从影视、画册、诗文中"见"过大海，大海在你脑海里，应该留有印象吧？选取你对大海的印象，唤起你心中美好的情感，也来动笔写一下海吧？

有礼貌的兔子

一只弱小的兔子，因为自己谦虚有礼，居然成功地躲过了一劫。这到底是怎么回事呢？快来读读下面的故事吧！

从前有只兔子，很谦虚，很有礼貌。

有一次，他吃饱了一个菜园里的白菜，正要回家，突然碰上一只狐狸。狐狸向森林走去。她没有从农民的家里抓到一只鸡回家，心里正烦恼得不行，肚子也饿得受不了。

兔子的心猛一惊。跑！往哪里跑？他慌忙往一个山洞飞奔而去。他不知道，那里有一个更危险的家伙会威胁着他——那山洞里居住着的是一条大蛇。

可兔子很有教养，他知道，不经别人的允许，进人家的家是不合适的。

"得先打个招呼，"他想，"可跟谁打招呼？不用说，跟山咯！"

兔子于是把屁股往后腿一蹲，很有礼貌地问："您好啊，亲爱的山洞！请允许我进去，好吗？"

大蛇听到是兔子要进山洞，别提有多开心了！她顶顶喜欢吃的就是兔子肉。

9

"请进，快请进呀！"她想把兔子骗进洞去，所以很客气地回答。然而兔子一听声音，就马上知道谁在山洞里和他答话了。

"对不起，我把您打扰了。"他说，"我全忘了，我妈妈还在等我回家呢！对不起，再见！"说完，撒起腿飞也似的跑掉了。

兔子一跑进自己的洞里，就在心里想：讲究礼貌，这在什么时候对任何人都是有益无害的。

大蛇也嘴里嘟哝着："我该不吭声就好了。唉，这些讲礼貌的兔子，真该死！进来就进来好了，有什么必要问我许进不许进呢！"

（注：墨西哥民间童话，韦苇译）

1. 本文中兔子为什么能够成功逃过大蛇之口呢？
2. 读了这则民间童话，你明白了什么道理？

大座钟的秘密

【英国】菲利帕·皮尔斯

本文通过奇特的幻想和众多的悬念把读者带到一个神秘的环境，就让我们跟着汤姆一起去思索，一起去寻找答案吧。

这是一次真正的探险。汤姆穿着拖鞋、睡衣走出房间。他决定不穿外衣，因为现在毕竟是夏天。他走出房间，轻轻地关上了门，以防风把门吹上，发出响声。走出套间门时，汤姆脱下一只拖鞋嵌在门缝里，让门虚掩着。二楼的楼梯口和过道里的灯全部熄了，因为这座公寓楼的全部住户都已入睡，巴塞洛缪太太也进入了梦乡。只有楼梯上方的长条窗户上斜射进一道月光。汤姆摸黑走下楼梯，来到大厅里。

这时，他遇到了难题。要找到大座钟不难，那是一个又瘦又长的黑形，可是汤姆看不清钟面。要是他能打开钟面上的玻璃门，伸手摸一下时针的位置，他就能知道现在究竟几点钟。汤姆先用手摸了钟门的一边，然后又换了另一边，但是门打不开，手伸不进去。他想起他刚到的那天曾用手指撬过钟门，也没打开。钟摆的门和钟面的门一定都锁上了。

11

"快！快！"楼房好像在他身旁低声催促着，"一小时快过去了……快过去了……"汤姆撇下大座钟去摸电灯开关。开关在哪儿呢？他的手指在墙上摸来摸去，怎么也摸不到。此刻他需要的是光线，而在大厅里唯一可见的光线就是透过楼梯旁窗户斜射进来的月光，它明朗地照在靠近窗户的墙上。

汤姆研究起月光来，他脑子里闪现了一个想法。根据月光射进屋子的方向，他判断月光此刻正照着楼房的后面。好极了！如果把后门打开，月光就能照进大厅，也许能借助月光看清大座钟的钟面。

汤姆朝后门走去。他从来没看见有人开过后门，姨夫和姨妈总是走正门。他们说，走后门上街不方便，因为要穿过后院，后院只不过是一块狭长的砖地，放着几只垃圾箱，住在底层的房客们把他们的汽车停放在那里，还盖上一层防雨布。

汤姆一直没机会走后门，所以不知道这门晚上锁没锁。要是它锁上了，钥匙又放在别处……不过，他发现门没有锁，只有一个插销。他拉开插销，慢慢地转动门把手，不让发出一点响声。

"快！"楼房又在他耳边催促。那座站在大厅中央的座钟也焦急地发出"滴答、滴答"的响声。

汤姆打开后门，让月光照进来。月光倾泻在大厅地板上，像熹微的晨光，照亮了大厅，大厅里的东西可以看得很清楚。可是汤姆并没有立即转身去看座钟的指针，而是向前迈了一步，来到门前的石阶上。门外的景象使他惊呆了，接着不由得感到气愤！好哇！他们居然骗我，对我撒谎！他们说："汤姆，后院没意思。"还轻描淡写地说那只不过是一个很小的院子，放了些垃圾箱，没什么可看的。

没什么可看的……啊，这儿可看的东西却不少哩，一块很大的草坪，中间有几个开着鲜花的花坛，一棵高大的冷杉树，在草坪的两旁，还有几棵枝叶茂密低垂的紫杉。花园的右面，是一幢与真房子差不多大的花房；草坪四角都有一条弯曲的小径通往浓密的树丛。

汤姆情不自禁地向前走去，惊奇得屏住了呼吸，然后深深叹了一口气。他心里盘算着第二天白天要偷偷到这儿来。姨父姨妈瞒着他，不让他知道有这么个好地方。现在谁也拦不了我，我要在草地上尽情地奔跑，跳上花坛；我要到花房里去仔细瞧瞧；我要走遍花园里的每一个凉亭和紫杉树下的每一条小径；我要爬到树上去，在那浓密的纵横交错的树枝上从一棵树爬到另一棵树。要是他们来叫我，我就像小鸟一样不声不响、一动不动地躲在枝叶茂密的树上，让他们找不着。

眼前花园的景色是如此美丽清晰，深深吸引着汤姆。近处是紫杉短粗的针叶，远处在草坪的四周有月牙形花坛，里面种着花瓣往背后卷的风信子。不过，汤姆记得自己曾答应过睡十小时，应当履行诺言。于是，他依依不舍地离开花园回到楼里准备去看看大座钟的时间。

他从后门进来的时候，心里还一直在想着楼外的景色。也许是因为这个原因，他没有立刻注意到大厅的变化，他的眼睛告诉他大厅里多了一些黑影，他光着的脚踩的地板也觉得不一样了……

幸好大座钟仍在原地，它一定会老老实实告诉汤姆准确的时间。现在可能是十二点或者一点，中间不会多出一个小时，不会有十三点。

可是汤姆没有去看钟，他的注意力被另一件事吸引住了：底层靠近前门的一扇房门打开了，一名女仆迈着碎步走出来。汤姆过去只是在图画上见过女仆，现在他是从她身上的白围裙、白帽子、白袖口和脚上穿的黑色长筒袜子来判断她是女仆的。她拿着纸、引火的木柴和一盒火柴。

这些都是汤姆在一刹那间看到的，他随即意识到应该马上躲起来，可是找不到藏身的地方。反正要被她发现，不如主动打招呼解释一下。女仆越走越近，汤姆看清楚她只不过是个十几岁的姑娘，所以一点也不怕她。他咳了一声，先引起她的注意，免得突然出现把她吓一跳。可是，她好像没有听见似的，继续往前走。汤姆走到她跟前，她朝汤姆看了看，目光穿过汤姆，好像他根本不存在似的。汤姆的心怦怦地跳起来，他自己也不明白是怎么回事。这时女仆已走到他身边。

"哎!"汤姆不满意地大声喊道，可是女仆毫不理会。她从汤姆身边走过去，走到底层后面一间房间的门口，既不按门铃，也没用钥匙开锁，只是转动一下门把手就进去了。

汤姆一个人站在那里惊讶得目瞪口呆。这时，他的感觉器官告诉他，出现了比刚才遇见女仆更奇怪的事：汤姆原先是光着脚站在冰凉的石板地上，这时石板变得温暖柔软起来，低头一看，发现自己是站在一块虎皮地毯上。大厅里还有其他式样的地毯。

他举目环视，再打量大厅，发现大厅变了。那些装送洗衣服的盒子、牛奶瓶、旅游招贴画等统统不见了。大厅的墙壁上装饰着各种各样的东西：有一个细长的哥特式晴雨计，一把孔雀羽毛做的扇子，一幅场面很大的战争版画（上面画有轻骑兵、马匹和弹孔斑斑的战旗），还有许多其他绘画。大厅里有一面通知用餐的大铜锣，旁边挂着一个用软皮制成的敲锣槌子；有一个很大的伞架，上面放着雨伞、手杖、一把遮阳伞、一枝气枪和一些看上去像钓鱼器具的东西；靠墙放着一排架子，每一个都有饭桌那么高。这一排架子全是橡木做的，只有大厅中央靠近大座钟的那个是用白色大理石做的，架上陈列着鸟类和动物标本。在冰冷的玻璃匣里面展现的是热血四溅的场面：一只猫头鹰爪子上抓着一只老鼠、一只白鼬，咬死一只兔子后，正抬头望天；在中间那只玻璃匣里，一只红狐狸嘴里叼着一只小鸡，鬼鬼祟祟地想逃走。

大厅里这些东西中，汤姆只认识一件，那就是大座钟。他走上前去，不是去看时间，而是用手摸一摸，证实这件东西是不是自己熟悉的。

他的手刚要碰钟，突然听见身后有人轻轻的呼吸声，原来是女仆又从原路回来了。不知为什么，她发出的声音似乎没有刚才大了。汤姆隐约听见她说："我在客厅生上火了。"

她朝汤姆见到她走出来的那扇门走去，汤姆一直用眼睛盯着她。他惊讶地发现女仆走到门口，用手碰了一下门把手就不见了。也就是说，她不是从房门里走进去的，而是逐渐消失的。

当汤姆在全神贯注地观察女仆的时候，他仍感觉到周围的一切正在静悄悄地发生变化。他猛地回头一看，发现大厅里的家具、地毯和绘画都在慢慢地消失。这些东西不是被搬走的，而是在原地逐渐消失的。他看完红狐狸，回过头来时，晴雨计还在墙上，但好像是画在墙上的，透过它可以看见墙壁；过了一会儿，狐狸就无影无踪，其他动物标本也没有了。汤姆赶紧回头，发现晴雨计也不见了。几秒钟之后，整个大厅又是他刚到时的那个样子。汤姆站着发愣。从背后吹来的一股冷风使他猛醒过来，花园的门还开着，不管怎么说，这扇门确实是他打开的，他应该去关上，回到床上去。

他依依不舍地朝花园里看了很久才关上门。他默默地对草坪、树木和花房许诺："我要回来的！"

上楼回到床上后，汤姆冷静地分析自己刚才在大厅里看到的一切，这是场梦吗？还有一种可能，是闹鬼了，可能这些都是大厅里的女仆扮的。晴雨计、狐狸和猫头鹰也是鬼变的，还有其他许多东西也都是鬼。大厅里不仅有鬼，而且有许多鬼。鬼……汤姆疑惑地伸出手来摸了摸头发，发现自己的头发并没有竖起来。而且，他想起来了，女仆看他的时候，他并没有冰冷彻骨、毛骨悚然的感觉。

汤姆自己也不满意这些解释。他突然对这一切厌烦起来，大厅里有无女仆和其他东西都无关紧要，重要的是那个花园，那才是真的。他明天要到花园里去，他的手似乎已经摸到树干，鼻子已经闻到草坪四周花坛里的风信子花香。他记得在家里，在圣诞节和新年里，可以闻到妈妈种在花盆里的风信子花香；在暮春时节，可以闻到花坛里风信子的花香。他想着想着就睡着了。

（本文为节选）

读后
想一想

1. 汤姆来到后院，在月光的照耀下，都看到怎样的景色？
2. 汤姆来到大厅，发现大厅都发生了哪些变化？
3. 这篇文章充满了浓厚的奇幻色彩，有哪些地方最让你觉得神奇呢？

大林和小林

张天翼

《大林和小林》是我国著名童话作家张天翼的作品，是20世纪中国最优秀的民族童话精品，是一本值得每个孩子放进书架的书。它奇特的构思，夸张的手法，大胆的想象，曲折的情节，让人爱不释手。在这本书中，大林和小林是一对双胞胎。大林好吃懒做，变成了一个寄生虫，最后饿死在金子堆里。小林勇敢正直，成长为一个有出息的好孩子。

从前有一个很穷很穷的农人，和他的妻子住在乡下。他们都很老了，老得连他们自己都说不上有多大岁数了。有一天，他们忽然生了两个儿子。这个老农人非常快活，叫道："我们有了儿子了！我真想不到这么大年纪还能有儿子。"

他妻子也很高兴。她说："我们一定得给他们取两个好名字。"

取个什么名字呢？老头儿可没了主意。他想，翻《学生字典》罢，翻到什么字就取什么。

一，二，三！一翻，是个"菜"字。大的叫"大菜"，小的叫"小菜"么？

"哼，我们饭都吃不上，还'菜'呢！"老头自言自语。

第二次翻，是个"肥"字，也不合适。

翻来翻去总找不到适当的字。这老头儿就这么翻了一晚。到快天亮的时候，这老头拿着锄头走出门去。外面太阳照着树林，这老头儿高兴地叫："好了，就取个树林的'林'罢。"

名字就给取定了：大的叫大林，小的——当然叫小林。

过了十年，老农人和他的妻子死了。临死的时候，他们对大林和小林说："家里什么也没有，你们应当到外面去做工。我们死了之后，你们可以把我们抬到后面小山上。山上的乌鸦会来给我们造坟墓。然后你们就带着有用的东西去找活儿吧。"

大林和小林就把他们父母的尸体抬到了山上。他们刚下山，树上的乌鸦们忽然一齐飞起来，一面哇哇地叫，一面去衔了土，给这两位老人堆成了一座坟。

"哥哥，"小林对大林说，"我们快去收拾东西吧。我们早点出门去。"

他们回了家，把一小袋米背在背上，又拿一个麻布袋子，把他们的破衣裳、粗饭碗，都装到了袋里，他们这就出了门。

大林说："上哪里去呢？"

他们想起没有妈和爸了，他们又不知道要走哪条路好，他们都坐在地上哭起来。

四面是山，是田，是树，都是别人的。他们不知道要在哪里落脚。他们怎么办呢？天也晚了，太阳躲到山后面睡觉去了，月亮带着星星出来向他们眨眼。

大林和小林还哭着。哭呀哭的，太阳睡了一觉醒来了，又从东边笑眯眯地爬出来。

小林揩揩眼泪说："你还哭不哭？我想不哭了。"

"好，我也懒得哭了。走吧。"

两个人都认不得路。他们只是向前面走着。走了许多时候，他们带着的一点儿米已经吃完了。

"东西都吃完了，怎么办呢？"大林说。

"我们休息会儿，再找东西吃。好不好？"

他们于是在一座黑土山下面坐下来。

大林看看口袋，叹了一口气："我将来一定要当个有钱人。有钱人吃得好，穿得好，又不用做事情。"

小林反对道："嗯，爸爸说的，'一个人总得干活。'"

"因为爸爸是穷人呀。财主老爷就不用干活。爸爸说的，'你看有田有地的可多好！'"

"妈妈和爸爸都是穷人，妈妈和爸爸都是好人，可不像财主老爷。"

"可是，有钱人才快活呢。"大林大声说，"穷人一点也不快活，穷人要做工，要……"

突然有个很大很大的声音，像打雷似的叫起来："要什么？要吃掉你们！"

大林和小林吓得摔了一跤。他们的口袋也吓得发了一阵抖。

19

是谁说话呀?

没有一个人。

兄弟俩彼此抱了起来,脸上的汗淌得像下雨似的,四条腿儿打着战。他们四面看看,可是什么也没看见。

大林问:"究竟是谁说话?"

"不知道呀。"

可是过了会儿他们就知道了。又过了会儿,他们跟前的黑山忽然动了起来……

"地震!快逃!"小林叫。

两个人刚要跑,那座山动呀动地站了起来!

啊呀,是个怪物!——人不像人,兽不像兽。

这个怪物原来在这里睡觉。他们还以为他是一座黑山呢。怪物现在站直了,眼睛像一面锣那么大,发着绿光。他伸出他那长着草的手来抓大林和小林。他要吃他们!

真不幸,大林和小林一定会给怪物吃掉了!

大林想道:"我们妈和爸都没有了,粮食也吃完了。又没田地又没钱,什么都没有,就让怪物吃了吧!"

小林可非常着急。他想逃是逃不掉的。因为怪物手长,你即使跑了很远很远的路——比如说,三里吧,他也能一手抓到你。

怪物知道有东西吃了,他笑着看着大林和小林。

小林问:"一定得吃我们吗?"

"不吃你们也可以,可是你们得送我几件珠宝。"

"什么珠宝?我们看都没看见过。"

"哈哈哈，那对不起了！"

小林低声对大林的耳朵说："我们逃吧。"

"他追得上呢。"

"那么我们分两头跑吧，他准一个也追不上。"

一，二，三！大林向东跑，小林向西跑。

怪物要追大林，又想要抓小林。东跑几步，西跑几步，就一个也没追着。

大林和小林都逃掉了，只有麻袋还丢在地上。怪物实在饿了，就拾起麻袋吃了下去。可是嘴太大，麻袋太小，麻袋给塞住在牙齿缝里。他拔起一棵大松树来当牙签，好容易才别出来。

他想：还是再睡吧。

月亮已经出来了，月亮像眉毛似的弯弯的。

怪物伸个懒腰，手一举，碰在月亮尖角上，戳破了皮。他狠狠地吐了口唾沫："呸，今天运气真不好！"

（本文为节选）

读后
想一想

1. 农人为什么给自己的孩子命名为大林、小林？
2. 怪物为什么最后一个孩子也没追着？
3. 大林和小林你更喜欢谁？为什么？

爱的教育

【意大利】艾·德·亚米契斯

《爱的教育》是一本日记体小说，以一个四年级男孩安利柯的眼光，讲述了从三年级10月份开学的第一天到第二年7月份在校内外的所见、所闻和所感。作品以一个小学生的眼光审视着身边的美与丑、善与恶，完全用爱去感受生活中的点点滴滴。

　　昨天午后到附近的一个女子小学校里去。雪尔维姊姊的先生说要看《少年爱国者》，所以我拿给她看。那学校大约有七百个小女孩，我去的时候正放学。因为从明天起接连有"万圣节""万灵节"两个节日，学生们正在欢喜高兴地回去。我在那里看见一件很美的事：在学校那一边的街路角里，立着一个脸孔墨黑的烟囱扫除人。他还是个小孩，一手靠着墙壁，一手托着头，在那里哭泣。有两三个三年级女学生走近去问他："怎么了？为什么这样哭？"他总不回答，仍旧哭着。

《苹果里的星星》阅读周计划笔记

第一单元　七彩生活

第一周

日读

海上日出

一、阅读积累

积累文中优美的词语和句子。

_____
_____
_____

二、阅读收获

根据《海上日出》一文内容判断对错。

1. "那时天还没有大亮，周围非常清静，船上只有机器的响声"一句中"清静"就是安静的意思。　　（　　）

2. "我知道太阳要从天边升起来了，便不转眼地望着那里"一句中"不转眼"可以换成"目不转睛"。　　（　　）

3. "一刹那间，这个深红的圆东西，忽然发出了夺目的亮光，射得人眼睛发痛"一句中"一刹那"是形容时间很漫长。　　（　　）

4. "这不是很伟大的奇观么？"和"这不是很伟大的奇观。"意思是一样的。　　（　　）

海滨仲夏夜

一、阅读收获

（　　）的晚霞　　（　　）的启明星
（　　）的明灯　　（　　）的沙滩
（　　）的海风　　（　　）的人们

二、阅读品评

你也许亲眼见过大海，也许只是从影视、画册、诗文中"见"过大海，大海在你脑海里，应该留有印象吧？选取你对大海的印象，唤起你心中美好的情感，也来动笔写一下海吧？

_____
_____
_____

有礼貌的兔子

一、阅读收获

1. 文中的兔子是一只_____的兔子，这是因为_____。

2. 文中的大蛇是一只_____的蛇，这是因为_____。

3. 我想对文中的兔子说：_____
_____

4. 我想对文中的大蛇说：_____
_____

二、阅读品评

概括文章的主要内容。

_____
_____
_____
_____
_____
_____

— 1 —

大座钟的秘密

一、阅读积累

积累文中优美的词语和句子。

_____

_____

_____

_____

二、文本细读

汤姆（情不自禁　不由自主）地向前走去，惊奇得屏住了呼吸，然后深深叹了一口气。他心里盘算着第二天白天要偷偷到这儿来。姨父姨妈瞒着他，不让他知道有这么个好地方。现在谁也拦不了我，我要在草地上尽情地奔跑，跳上花坛；我要到花房里去仔细瞧瞧；我要走遍花园里的每一个凉亭和紫杉树下的每一条（小径　小路）；我要爬到树上去，在那浓密的（乱七八糟　纵横交错）的树枝上从一棵树爬到另一棵树。要是他们来叫我，我就像小鸟一样（不声不响　寂静无声）、一动不动地躲在枝叶茂密的树上，让他们找不着。

眼前花园的景色是如此美丽清晰，深深吸引着汤姆。近处是紫杉短粗的针叶，远处在草坪的四周有月牙形花坛，里面种着花瓣往背后卷的风信子。不过，汤姆记得自己曾答应过睡十小时，应当履行诺言。于是，他（慢慢悠悠　依依不舍）地离开花园回到楼里准备去看大座钟的时间。

1. 以上片段节选自《_____》，作者是_____。

2. 选择括号里恰当的词语。

3. 仿照例句写句子。

例句：近处是紫杉短粗的针叶，远处在草坪的四周有月牙形花坛，里面种着花瓣往背后卷的风信子。

我们的操场近处是_____，远处_____，里面_____。

4. 眼前花园的景色是如此美丽清晰，深深吸引着汤姆。此时此刻，汤姆的心里会想些什么呢？

_____

_____

_____

暮思

大林和小林

一、阅读收获

1. 我知道《大林和小林》这部童话的作者是_____。

2. 我知道大林和小林名字的来历是_____。

3. 大林和小林碰到了一座黑土山，原来是_____。

二、文本细读

四面是山，是田，是树，都是别人的。他们不知道要在哪里落脚。他们怎么办呢？天也晚了，太阳躲到山后面睡觉去了，月亮带着星星出来向他们眨眼。

大林和小林还哭着。哭呀哭的，太阳睡了一觉醒来了，又从东边笑眯眯地爬出来。

小林揩揩眼泪说："你还哭不哭？我想不哭了。"

"好，我也懒得哭了。走吧。"

两个人都认不得路。他们只是向前面走着。走了许多时候，他们带着的一点儿米已经吃完了。

1. 请用"____"画出一句把物当人写的句子。

2. 我读到这里，体会出了大林和小林_____的心情。

3. 此时两人的境遇可以用下面（　　）这个词来形容。

A. 一帆风顺

B. 疲惫不堪

C. 胜利在望

爱的教育

阅读收获

1.《爱的教育》这本书是_____（国家）的_____（作家）写的。

2. 扫除烟囱的小孩在路角里独自哭泣的原因是_____
_____。

3."果然，有许多人为了买花或笔记本都带着钱，大家都拿出来了"这一句中"果然"的意思是_____
_____。

4. 我感受到文中的孩子们具有_____
_____的品质。

第二周

日读

迟　到

一、阅读收获

1."我"小时候在早晨有一个毛病是_____。

2."我"的爸爸是一个对孩子教育非常_____的人。

3. 作者通过这篇文章想表达对父亲的_____之情。

二、文本细读

正在静默的当中，有人拍了我的肩头一下，我急忙睁开了眼，原来是老师站在我的位子边。他用眼势告诉我，让我向教室的窗外看去。我猛一转头看，原来是爸爸站在窗外那瘦高的影子！

我刚安静下来的心，又害怕起来了！爸爸为什么追到学校来？爸爸点头招我出去了，我看看老师，征求他的同意。老师微笑地点点头，表示答应我出去。

我走出了教室，立在爸面前。爸没说什么，打开了手中的包袱，拿出来的是我的花夹袄。他递给我，看着我穿上，又拿

出两个铜板递给我。

后来怎么样了，我已经不记得。由于这件事，我从此一生做一个守时守信的人。

1. 请用"_____"画出一句描写我心理活动的句子。

2. 当父亲看着"我"穿上花夹袄，又拿出两个铜板递给"我"的时候，"我"的心里会想些什么？又会做些什么呢？展开想象，把当时的情境写一写。

_____
_____
_____
_____

让我们荡起双桨

一、阅读收获

你能仿照下面的句子，再写几句话吗？

水中的鱼儿望着我们，悄悄地听我们愉快歌唱。

天上的小鸟望着我们，欢快地给我们_____。

树上的_____望着我们，_____
_____。

二、阅读品评

1. 这首诗三个小节的相同之处是什么？

_____

2. 这首诗写出了孩子们怎样的心情？从哪一句看出来的？

_____

3. 哪句诗写得最美？找一句抄写在下面，并思考它好在哪里？

_____

天蓝色的种子

一、阅读收获

1. 雄治用（　　）换了狐狸的种子。

A. 蜡笔　　B. 图画纸　　C. 飞机

2. 雄治急忙拿出（　　）给小小的房子浇上水。

A. 水杯　　B. 蜡笔　　C. 喷壶

3. 天蓝色的房子越长越大，终于长成了像城堡一样的漂亮的（　　）。

A. 飞机　　B. 蘑菇　　C. 楼房

二、阅读品评

1. 我觉得文中的雄治是一个_____的小孩。

2. 我觉得文中的狐狸是一只_____的动物。

寄小读者

阅读收获

1.《寄小读者》的作者是我国儿童文学的奠基人_____女士。

2. 有一件事是"我"常常用以自傲的，就是_____。

3. 弟弟的想法很天真，表现在_____。

暮思

长袜子皮皮

一、阅读收获

附近有一座房子正在修理。皮皮跑过去拿来一块长跳板。她夹住跳板，另一只

手抓住绳子，用脚在树干上一踢一踢的，轻快地沿着绳子爬上去。人们惊讶得连哭也忘了。她到了树顶上，把长跳板搭在粗树枝上，小心地把它推到顶楼窗口。长跳板在树梢和那窗口之间搭成了一座桥。

1. 我发现这一部分抓住了皮皮的（　　）来写的。

A. 语言　　　　B. 动作

C. 表情　　　　D. 外貌

2. 我觉得和"惊讶"意思一样的词语是（　　）。

A. 奇怪　　　　B. 吃惊

C. 着急　　　　D. 恼怒

二、阅读品评

1. 两个困在顶楼的小男孩处境非常_____。

2. 从这个故事中，我感觉皮皮是一个_____的小孩。

3. 为什么全场群众最后欢呼"万岁"呢？这表达了他们怎样的心情？

_____
_____
_____

第二单元　名人故事

第三周

日读

普通的人　伟大的心

一、阅读收获

对全文理解不正确的一项是（　　）

A. 彭老总是"我"家的一位至亲。

B. 彭老总嗔怪我的母亲，说明他把人民放在自己的心中。

C. "我"结婚那天，彭老总派人给

我们送来了礼物：一套玻璃酒杯和一幅仿制明代唐寅的《听涛图》织锦画。

D. 全文表达了"我"对彭老总敬佩、感激之情。

二、文本细读

我的家住在西郊一个叫挂甲屯的幽静的小村，离我的住宅不远有一处荒废了多年的吴家花园。一九五九年下半年，吴家花园搬来一个新住户。不久，人们就常常看到一位老人背着双手在村街的土路上沉思漫步。后来也不知道谁走漏了"风

声"，小村子里的人们都知道了这个新住户就是被罢了官的彭老总。从此。村里的老年人都亲切地喊他老头子，孩子们则尊敬地称他彭爷爷。

一天黄昏，我和母亲在院子里乘凉，彭老总精神爽逸地来到我家。他穿一身染成了黑色的旧军服，脚上是一双旧布军鞋，是再普通不过了。他和蔼可亲地询问我母亲的年龄，母亲告诉了他，他爽朗地笑着说："你比我大两岁，你是我的老姐姐。"从此，他便一直喊我母亲"老姐姐"，我的母亲也乐意地认下了这个找上门来的"弟弟'。后来，他便常常到村里一些人家去串门，询问人们的生活、队里的生产，拉家常，问疾苦，亲亲热热，无间无隔。谁也不相信终日生活在他们身边的这位如此平易的老人，竟是当年威震敌胆、横扫千军的元帅。

1. 结合上下文，我知道了"风声"的意思是_____。

2. 请用"____"画出村里人尊敬彭老总的句子。

3. 请用简单的话概括第二自然段的意思。

_____

_____

大明星的小角色

一、文本细读

接下任务的姜文，没有坐等，而是主动去做足功课。姜文暂时放下了自己手中的工作，全面研究"毛人风"。有关毛人风的书籍、图片以及影像资料，他都一一查看，为三场戏竟然考证了半尺多厚的资料。

从这段话中我看出了姜文具有（　　）的精神。

A. 助人为乐　　　B. 严格守纪

C. 严谨认真　　　D. 吃苦耐劳

二、阅读品评

文章通过介绍哪些事，写出了姜文的

这种精神？

_____

_____

_____

_____

捣蛋鬼日记

一、阅读收获

请把人物名字与人物身份进行连线。

加尼诺　　　　　　　时装店老板

卡洛·内利　　　　　捣蛋鬼

皮埃利诺·马西　　　年轻的律师

乌戈·贝利尼　　　　药店老板

二、文本细读

皮埃利诺的脸马上像纸一样刷白，我甚至以为他会马上晕过去。但是，他没晕倒，却咬牙切齿地说："你姐姐这样愚弄一个好人是可耻的，你懂吗？"

尽管我已经完全懂了他的话，但他为了让我更明白他的意思，就举起腿来做了一个踢足球的动作。我没有理会他，只是抓起一把散在柜台上的薄荷片，飞快地跑出药店，到乌戈·贝利尼那儿去了。

1. 结合上下文，我知道"咬牙切齿"的意思是_____。

2. 我从这一段中看到了一个_____的捣蛋鬼的形象。

三、阅读品评

概括文章的主要内容。

_____

_____

_____

_____

我叫马三立

阅读品评

1. 文章从哪些方面介绍马三立先生？

_____

2. 从哪些句子看出马三立先生的幽默？请在文章中摘抄一句。

_____

_____

3. 文章给我们展现了一位怎样的相声大师形象？

_____

_____

暮思

幸福的秘密

一、阅读收获

1. 少年一共_____次在宫殿里漫步。这几次漫步的不同之处是_____

_____。

2. 读了这篇文章，我觉得幸福的秘密是_____。

3. 如果你是少年的话，你觉得自己找到幸福的秘密了吗？

_____

_____

二、文本细读

少年开始沿着宫殿的台阶上上下下，眼睛始终盯着汤匙不放。两个小时之后，他回到了智者面前。

"你看到我餐厅里的波斯地毡了吗？看到园艺大师花了十年心血创造出来的花园了吗？注意到我图书馆那些美丽的羊皮卷文献了吗？"智者问道。

少年感到十分尴尬，坦率承认他什么也没看到，他当时唯一关注的只是智者交付给他的事，即不要让汤匙里的两滴油洒出来。

"那你就转回去见识一下我这里的种种珍奇之物吧，"智者说道，"如果你不了解一个人的家，你就不能信任他。"

少年轻松多了，他拿起汤匙重新回到宫殿里漫步。这一次他注意到了天花板和墙壁上悬挂的所有艺术品，观赏了花园和四周的山景，看到了花儿的娇嫩和每件艺术品都被精心摆放在恰当的位置上。当他再回到智者面前时，少年仔细地讲述了他所见到的一切。

"可是我交给你的两滴油在哪里呢？"智者问道。

少年朝汤匙望去，发现油已经洒光了。

"那么，这就是我要给你的唯一忠告，"智者说道，"幸福的秘密在于欣赏世界上所有的奇观异景，同时永远不要忘记汤匙里的两滴油。"

1. 我知道"尴尬"的意思是 ( )。

A. 困窘难堪

B. 垂头丧气

C. 不知所措

2. 请用"____"把描写宫殿景色的句子画下来。

3. 你如何理解最后一段的含义。

_____

_____

_____

_____

回忆鲁迅先生

一、阅读收获

在文中，是什么让鲁迅先生深恶痛绝？请用"____"画出来好吗？

二、阅读品评

你读过这篇文章后，鲁迅先生给你留下了怎样的印象？

_____

_____

_____

_____

_____

_____

_____

第四周

日读

智　答

一、阅读收获

根据文章的内容判断对错。

1. 我国马王堆一号汉墓的发掘震惊世界，尤其是那具女尸的确是世界上少有的珍宝。（　　）

2. 基辛格博士想用一种地球上没有的物质来换取女尸。（　　）

3. 周总理所说的"五千年前，我们就有位嫦娥飞上了月亮，在月亮上建起了广寒宫住下来"是源自"嫦娥奔月"这个神话故事。（　　）

4. 基辛格说："我国宇航员从月球上带回的泥土。这应该是地球上没有的东西吧！"（　　）

5. 周恩来哈哈一笑说："我当是什么，原来是我们祖宗脚下的东西。"
（　　）

二、文本细读

基辛格一惊，脱口而出："怎么，你们早有人上了月球？什么时候？为什么没公布？"周总理笑了笑，指着茶几上的一尊嫦娥奔月的牙雕认真地说："我们怎么没公布？喏，早在五千年前，我们就有位嫦娥飞上了月亮，在月亮上建起了广寒宫住下来。怎么，我们妇孺皆知的，你这个中国通还不知道？"

1. 结合上下文，我知道"妇孺皆知"的意思是_____。

2. 周恩来"哈哈一笑"的原因是_____。基辛格"脱口而出"表现了他_____。

我的邻居吴冠中

一、阅读收获

1. 文章主要给我们介绍了关于吴冠中的几件事：理发时谈论_____，拜访吴老家发现_____，吃煎饼果子后_____，让我们看到了一位_____、_____的艺术家的形象。

2. 从文中找出下列词语的近义词。

惊讶（　　）　　狂放（　　）

会谈（　　）　　相信（　　）

二、阅读品评

你想对德高望重的吴老说些什么？

_____

_____

_____

_____

_____

种金子

阅读收获

1. 这个故事的主要人物有_____和_____。

2. 这个故事主要讲了阿凡提种金子的故事。第一次_____，第二次_____。我觉得阿凡提是一个_____、_____的人。

3. 我知道阿凡提的故事还有_____、_____。

小树林与火

一、阅读收获

1. 这个故事的主要角色有_____和_____。

2. 这个故事的起因是_____，经过是_____，结果是_____。

3. 我知道克雷洛夫的寓言故事还有_____、_____。

二、文本细读

事情就这样谈妥了。星星的火苗延伸到小树林，就成了团火。这团火立刻蔓延开来，迅速蹿上大小桠枝，一团团乌黑的浓烟冲上云霄。猛烈的火一下把小树林团团围住，最后把小树林烧个精光。从前过路人歇凉的地方，只剩下烧焦的树桩。

这是没有什么奇怪的，树木怎么可以跟火交朋友呢？

1. 这部分的内容如果用一句话来概括的话，可以用（　　）来表示。

A. 野火烧不尽，春风吹又生

B. 星星之火，可以燎原

C. 月落乌啼霜满天，江枫渔火对愁眠

2. 将文章最后一句换个说法，意思不变。

_____

_____

_____

3. 树木究竟错在哪里呢？

_____

_____

_____

_____

暮思

苦儿流浪记

一、文本细读

我们在（凄凉　荒凉）的荒野里走了很久：经过的不是荒地，就是荆棘地。

我还是第一次一口气走这样长的路，中途一点儿没有休息。

我的师父跨着（均匀　匀称）的大步向前走着，有时候把小宝贝扛在肩膀上，有时候把它放在他的背包上。几只狗绕着他，快步地走着，不离开他的左右。维达里不时地向它们说一两句（亲切　亲密）的话。有时讲的是法国话，有时讲的是意大利话。

师父也好，几只狗也好，好像都没有想到（疲劳　劳苦）。但是我却不是这样了。我力气都用完了。我一步一步地拖着前进，用了好大的劲，还简直没法跟上我的师父。

1. 在括号里选择恰当的词语。

2. 请用下面的关联词语造句。

不是……就是…… _____

_____

有时……有时…… _____

_____

3. 从这一段的描写中，我感受到他们的流浪生活非常_____。

二、阅读品评

1. 从哪里看出维达里是一个很周到的人？

_____

2. 和今天我们的生活相比，文中流浪的孩子过着怎样的生活？从文章哪些地方看出来的？

_____

3. 展开想象，流浪的孩子未来的生活会发生怎样的变化？

_____

第三单元　金色秋天

第五周

日读

秋天的信

一、阅读收获

用叶子做信纸

请风当邮差

偷懒的邮差

每到一个地方

就把信一抛

有的信，落在松鼠头上

有的信，掉在青蛙身旁

对这一部分的理解，不正确的是（　　）。

A. 作者把叶子比作信纸

B. 作者把风比作偷懒的邮差

C. 作者把叶子比作偷懒的邮差

二、阅读品评

你能仿照下面的句子，再写几句话吗？

池塘里，草丛中，到处都是秋天的信。

操场上，教室里，到处都是_____

_____。

_____，_____，到处都是____

_____。

团泊洼的秋天

一、阅读收获

矮小而年高的垂柳，用苍绿的叶子抚摸着快熟的庄稼；

密集的芦苇，细心地护卫着脚下偷偷开放的野花。

蝉声消退了，多嘴的麻雀已不在房顶上吱喳；

蛙声停息了，野性的独流减河也不再喧哗。

这一部分写到的景物，从视觉上描写主要有（　　），从听觉上描写的主要有（　　）。（答案有多种选项）

A. 垂柳　　B. 庄稼　　C. 芦苇

D. 野花　　E. 蝉　　F. 麻雀

G. 青蛙　　H. 河水

二、阅读品评

你能仿照下面的句子，再写几句话吗？

秋风像一把柔韧的梳子，梳理着静静的团泊洼。

柳树像一位_____，悄悄地梳理着自己的头发。

_____像_____，

_____。

北大荒的秋天

一、阅读积累

请把下面的好词妙句抄写一遍。

转眼间	沉甸甸
————	————
乐呵呵	哗啦啦
————	————
一碧如洗	五彩斑斓
————	————
清澈见底	热闹非凡
————	————

一群小鱼顶着水游过来，明镜一样的水面顿时漾起了一道道波纹。

————————————

————————————

榛树叶子全都红了，红得像一团团火，把人们的心也给燃烧起来了。

————————————

————————————

二、文本细读

原野热闹非凡。成片的大豆摇动着豆荚，发出哗啦啦的笑声；挺拔的高粱扬起黑红黑红的脸庞，像是在乐呵呵地演唱。山坡上，大路边，村子口，榛树叶子全都红了，红得像一团团火，把人们的心也给燃烧起来了。

1. 我发现这一段是围绕着_____

_____这一句话写的。

2. 我发现作者写原野主要描写了

_____、_____、_____等

几种景物。

秋天的怀念

一、文本细读

那天我又独自坐在屋里，看着窗外的树叶"唰唰啦啦"地飘落。

母亲进来了，挡住窗前："北海的菊花开了，我推你去看看吧。"她憔悴的脸上现出央求般的神色。

"什么时候？"

"你要是愿意，就明天？"她说，我的回答已经让她喜出望外了。

"好吧，就明天。"我说。

她高兴得一会儿坐下，一会儿站起："那就赶紧准备准备。"

1. 将文中的"央求"换成"期待"好吗？为什么？

_____

_____

2. 联系上下文，我知道"喜出望外"的意思是_____。

3. "我"的母亲是一位_____的母亲。

二、阅读品评

仔细读文章，按要求答题。

1. 这篇文章反复写"看花"这一内容的原因是什么？

_____

_____

2. 文章结尾说："我懂得母亲没有说完的话。"你认为文中的"我"懂了吗？为什么？

_____

_____

3. 如果将这篇文章标题中的"秋天"两字去掉好吗？为什么？

_____

_____

暮思

窗边的小豆豆

一、文本细读

校长对大家说：

"要是晚上到九品佛寺院里进行'试胆量'游戏，哪位同学愿意当鬼呀？请举手！"

于是立刻就有六七个男孩争着要当鬼。当天傍晚，大家都在学校里集合以后，那些装鬼的小朋友带上按照各自想象亲手做成的鬼衣服到九品佛寺院里藏起来了。临走时口里还嚷着：

"你们等着挨吓吧……"

剩下来的三十几名同学，便每五人分

成一组，各组稍错开点时间，陆续从学校出发，到九品佛寺院和墓地里转一圈，然后再回到学校来。这样做的目的，借用校长的解释就是：

"这次'试胆量'游戏，就是看你们胆大到什么程度。如果谁半路上害怕了，尽可以回来，没关系的。"

1. 我可以用_____一词形容"六七个男孩争着要当鬼"这个场景。

2. 这一部分主要写了_____。

3. 这次活动的目的是什么？请用"___"画下来。

二、阅读品评

1. 老师准备怎样试一试同学们的胆量？

_____

_____

2. 你喜欢这个试胆量的活动吗？为什么？

_____

_____

3. 读了这个故事，你明白了什么道理？

_____

第六周

日读

南飞雁

一、阅读收获

你能修改下面的病句吗？

1. 天空中时有一排排南归的大雁鸣叫着。

_____

_____

2. 小伙伴们听到消息后，都惊喜地跑过来一个个观看。

_____

_____

3. 老师不止一次地向我们讲述，人类和鸟应该友爱相处的道理。

_____

_____

4. 它望着周围一双双生疏的眼睛，心里好似充满了恐惧和惊慌。

_____

_____

_____

二、文本细读

从此后，每当秋末，仰望着一队队雁群从天空掠过，发出哭泣般的鸣叫时，我的心中也常常随之一阵抽搐。想起童年时由于无知而造成的过错，就要潸然泪下。

从此后，我每当望着行行的雁队，就情不自禁地停下脚步，举目望着望着，直至它们飞逝遥远的天际。心中还一直默念着：飞吧，飞吧，祝你们一路平安！

1. 我从画横线的这句话中，读出了作者无比（　　　　）的心情。

A. 愧疚　　　　　B. 兴奋

C. 愤怒　　　　　D. 留恋

2. 我猜想"潸然泪下"的意思是___

_____。

3. 用"＿＿"画出描写作者心理活动的句子。

只有五条横街口的距离

一、阅读收获

请将词语与相对应的意思连线。

东奔西走　　　　回答的不是所问的答案。

答非所问　　　　精神疲惫，力气用尽。形容精神和身体十分劳累。

筋疲力尽　　　　一会儿中断，一会又继续。

忽断忽续　　　　到处奔波。多指为生活所迫或为某一目的四处奔走活动。

二、阅读品评

1. 明明是60条横马路口，为什么夏立宾却说5条呢？

_____

_____

_____

2. 通过读这个故事，你明白了什么道理？

_____

_____

_____

_____

木偶奇遇记

一、阅读收获

1. 小木偶的名字叫_____，他的父亲是个木匠，名叫_____。

2. 这个故事的起因是_____，经过是_____，结果是_____。

3. 我觉得匹诺曹是一个_____的小朋友，他的父亲是一个_____的人。

二、文本细读

一会儿工夫，他就回来了，手里拿着给他的孩子买的识字课本，可短上衣没有了。这个可怜人只穿着衬衫，外面可是在下雪啊！

"上衣呢，爸爸？"

"我给卖了。"

"为什么卖了？"

"因为我热。"

这句话是什么意思？匹诺曹一下子就明白了，他不由得一阵激动，扑上去抱住皮帕诺的脖子，在他的脸上到处亲吻。

1. 这部分抓住了父亲的（　　　）和（　　　）来描写的。

A. 动作　B. 语言　C. 心理

2. "这句话是什么意思，匹诺曹一下子就明白了"，匹诺曹明白了什么？

_____

_____

_____

_____

_____

3. 匹诺曹"抱住皮帕诺的脖子，在他的脸上到处亲吻"的时候，心里会想些什么呢？

_____

_____

_____

_____

_____

当世界年纪还小的时候

文本细读

月亮有好一阵子都不知该学些什么。对于是否该发光，它拿不定主意。白天发光，感到有些力不从心。夜晚也许可以一试。它一直犹疑不定，缺乏自信——阴晴圆缺——它终于学会了一手多变的本领。

1. 这一段把月亮当成了_____来写。

2. 我知道"犹疑不定"的意思是___

_____

_____。

暮思

皮皮鲁传

一、阅读收获

根据文章的内容判断对错。

1. 喇叭里传出了"噼哩啪啦"嗑瓜子的声音，就是《嗑瓜子进行曲》。
（　）

2. 一队运动员走进了体育场，有大人，有小孩。皮皮鲁一数，女孩子比男孩子少一个。
（　）

3. 大会主席宣布每个运动员发一万颗瓜子，谁先嗑完，谁就是冠军！
（　）

4. 皮皮鲁最后认输了，女孩子嗑瓜子就是比男孩子行！
（　）

二、阅读品评

1. 文中这个奇怪的比赛是什么？奇怪在哪里？

_____

_____

2. 皮皮鲁是怎样获得比赛资格的？结果怎样？

_____

_____

_____

第四单元　用心发现

第七周

日读

苹果里的星星

一、阅读收获

1. 苹果里面藏着的秘密是_____

_____。

2. 我们通常切苹果的方法是_____

_____，而文中的儿子告诉作者的切苹果的方法是____

_____。

3. 通过这个故事我明白了_____

_____。

二、文本细读

一个人的错误，有可能侥幸地成为另

一个人的发现。

儿子走上前来，向我报告幼儿园里的新闻，说他又学会了新东西，想在我面前显示显示。他打开抽屉，拿出一把还不该他用的小刀，又从冰箱里取出一只苹果，说："爸爸，我要让您看看里头藏着什么。""我知道苹果里面是什么。"我说。"来，还是让我切给您看看吧。"他说着把苹果一切两半——切错了。我们都知道，正确的切法应该是从茎部切到底部窝凹处。而他呢，却是把苹果横放着，拦腰切下去。然后，他把切好的苹果伸到我面前："爸爸看哪，里头有颗星星呢。"

真的，从横切面看，苹果核果然显出一个清晰的五角星状。我这一生不知吃过多少苹果，总是规规矩矩地按正确的切法把它们一切两半，却从未疑心过还有什么隐藏的图案我尚未发现！于是，在那么一天，我孩子把这消息带回家来，彻底改变了冥顽不化的我。

1. 这部分抓住了儿子和父亲的（　　）和（　　）来描写的。

A. 动作　B. 语言　C. 心理

2. 我知道"冥顽不化"的意思是＿＿
＿＿＿＿＿＿＿＿＿＿＿＿＿。

3. 根据意思，在文中找出相应的词语。

（1）由于偶然的原因而得到成功，免去灾害，很幸运。（　　）

（2）指人的品行方正，谨守礼法，有素质。（　　）

（3）隐蔽躲藏，不让别人发现。
（　　）

儿童的奇想与发明

一、阅读收获

你能修改下面的病句吗？

1. 一项任何发明创造都离不开创造灵感。

＿＿＿＿＿＿＿＿＿＿＿＿＿＿＿
＿＿＿＿＿＿＿＿＿＿＿＿＿＿＿

2. 一个叫布希曼的音乐家路过，把这奇妙的声音吸引住了。

＿＿＿＿＿＿＿＿＿＿＿＿＿＿＿
＿＿＿＿＿＿＿＿＿＿＿＿＿＿＿
＿＿＿＿＿＿＿＿＿＿＿＿＿＿＿

3. 这件事启发了雷内克，不久，听诊器被问世了。

＿＿＿＿＿＿＿＿＿＿＿＿＿＿＿
＿＿＿＿＿＿＿＿＿＿＿＿＿＿＿
＿＿＿＿＿＿＿＿＿＿＿＿＿＿＿

4. 我们今天的许多"文明的奇迹"，最初起先都源自儿童的创造、发现与奇想。

＿＿＿＿＿＿＿＿＿＿＿＿＿＿＿
＿＿＿＿＿＿＿＿＿＿＿＿＿＿＿

二、阅读品评

根据文章内容填写下面的表格。

发明的物品	发明人	怎样发明的
口琴		
听诊器		
一次性成像照相机		
脚踏车		
隐形眼镜		

三种快乐

阅读收获

1. 读了这篇文章，我知道了：

（1）_____是一种快乐；

（2）_____是一种快乐；

（3）_____是一种快乐。

2. 水浮莲的特点是_____

_____。

3. "我"不再害怕水，是因为_____

_____。

4. "我"给老奶奶的小孙子带来的快乐是_____。

小勋爵

一、阅读收获

1.《小勋爵》的作者是英国作家_____。

2. 文章的主人公名叫_____，我认为他是一个_____的小孩。

3. 这篇文章主要讲_____

_____。

二、文本细读

自从爸爸去世后，塞德里克发觉，最好不要跟妈妈谈论爸爸。他记得那时候，爸爸生病了，妈妈也病得不轻，而他被别人带到了别的地方；等他回来的时候，一切都完了，家里只剩下妈妈一个人，她刚刚能够费力地坐上窗边的椅子。她穿着黑色的丧服，身体瘦弱，面色苍白，美丽的脸上所有的酒窝都消失了，哀伤的眼睛看上去比以前更大了。

"最最亲爱的，"塞德里克说（爸爸总是那样称呼妈妈，所以小不点儿也学会了），"最最亲爱的，爸爸他好些了吗？"

他感到妈妈的胳膊在颤抖，所以他转过鬈毛头，盯着妈妈的脸。

"最最亲爱的，"他说，"爸爸的病好了吗？"

就在那时，他那颗小小的"爱"心突然告诉他，他最好用双臂环抱妈妈的脖子，用温软的脸颊贴近她的脸颊，然后一遍遍地吻她。当他这么做时，妈妈把脸搁在他的肩膀上，哭得肝肠都快断了。她紧紧地抱住他，就好像她再也不想让他离开身边似的。

1. 请用"_____"画出描写母亲外貌的句子。

2. "他感到妈妈的胳膊在颤抖，所以他转过鬈毛头，盯着妈妈的脸"，此时塞德里克的心里会想些什么？展开想象，把当时的情境写一写。

_____

_____

_____

_____

_____

暮思

菌儿自传

阅读品评

1. 为什么"我"自命做"菌儿"？

_____

_____

2. 人们通常用怎样的观点看待"我"？

_____

_____

3. 读了这个故事，你收获了怎样的科学道理？

_____

_____

_____

_____

_____

第八周

日读

法布尔的故事

一、阅读收获

1. 法布尔出生在_____南部山区的一个小村庄里。

2. 小法布尔有一点与其他孩子不同，就是_____。

3. 一个深秋的夜晚，法布尔听见房屋背后，响起一阵"唧唧唧"的虫鸣声，为了弄清楚是什么虫子在叫，他_____。

4. 父亲赶集回来，给他买了一张"动物挂图"和一本寓言集，法布尔爱不释手，他逐渐痴迷上了_____。

5. 法布尔抱着_____精神，去探索昆虫世界，从而发现了一个崭新的世界。

二、文本细读

法布尔小时候，别说图书了，就连识字画片也没有。他和小伙伴们只能打土仗，捉"停房"，做占山为王的游戏。他们几乎成了一群一身泥土的"野"孩子。小小的法布尔有一点与其他孩子不同，他对大自然里发生的事情特别感兴趣，特别好奇。不论是水里的游鱼、空中的飞鸟、花丛中的蝴蝶……他总喜欢给自己提出一连串的问题："鱼儿睡不睡觉？""鸟儿长不长牙齿？""蝴蝶为什么这样漂亮？"……这些问题，大人们也常常回答不出来。于是他时常留心观察飞禽和昆虫，自己寻找答案。

一个深秋的夜晚，睡在祖母身边的法布尔，突然听见房屋背后，荒草滩里响起一阵"唧——唧唧唧"的虫鸣声，声音清脆好听。是蟋蟀？比蟋蟀的声音小多

了。是山雀？山雀不会连续叫个不停，更何况在漆黑的夜晚呢。

"奶奶，奶奶，这是什么在叫呀？"法布尔问。祖母开始打瞌睡了，迷迷糊糊地答道："睡吧，也许……是狼。"法布尔不愿推醒奶奶，又挡不住虫鸣的诱惑，他悄悄地穿上鞋，开了门，摸到了草丛中去，想看个究竟。野草划破了他的手，也没有把那只小虫找到。

1. 请把写小法布尔疑问的句子用"____"画下来。

2. 文中用了三次省略号，第一次省略号表示_____，第二次省略号表示_____，第三次省略号表示_____。

3. 我们应该向法布尔学些什么呢？

_____

奇特的语言

阅读收获

根据文章意思判断下面的说法是否正确。

1. 许多蚂蚁拉的拉，推的推，齐心合力，能够把比它们身体大许多倍的食物搬进巢里。　　　　　　（　　）

2. 蚂蚁也有它们自己的"语言"，不过它们是用鼻子"说话"的，是一种气味语言。　　　　　　　　　（　　）

3. 蚂蚁头部和腹部的腺体，能分泌一种有各种特殊气味的化学物质，叫做外激素，又叫做信息素。这就是蚂蚁用来传送消息的工具。　　　　（　　）

4. 每个蚂蚁家庭都没有自己的气味，每一只蚂蚁是无法辨别自己的伙伴的，因此有可能和别窝的蚂蚁混在一起。（　　）

5. 如果侵略者闯入其他蚂蚁的"边界"，负责警卫的工蚁发现以后，就排出

"告警信息素"，向伙伴们发出"警报"。
（　　）

6. 因为蚂蚁复眼的视力特别强，因此它可以灵活地行动。　　（　　）

神秘的海洋"无底洞"

一、文本细读

2007 年 8 月，装备有先进探测仪器的澳大利亚"哥伦布号"科学考察船专程到印度洋"无底洞"科考。考察的科学家认为"无底洞"可能是个从未认识的海洋"黑洞"。探测发现，"无底洞"海域海水振动频率高且波长较短，而其周边附近海水则振动频率低且波长较长，由此推测"黑洞"可能存在着一个由中心向外辐射的巨大引力场，具体还有待于进一步考察。<u>他们还在"无底洞"探测到 29 艘大型失事船只，平均每海里失事的大型船只高达 4.5 艘</u>，假如以每艘海难船罹难 30 人计算，就有惊人的 870 人葬身"无底洞"。

1. 文中多次出现"无底洞"，并加上了引号，我发现引号的作用是（　　）。

A. 表示特定称谓

B. 表示强调

C. 表示引用

2. 我发现画线的句子主要运用的说明方法是（　　）。

A. 分类别　B. 打比方　C. 列数字

二、阅读品评

1. 海洋"无底洞"神秘在什么地方？

2. 为了探寻"无底洞"的秘密，人们都做了哪些努力？

3. 文章最后一段连续用了三个问句，作者的意图是什么？

时代广场的蟋蟀

阅读品评

1. 从哪里看出塔克是一只悠闲的老鼠？

2. 玛利欧的生意好做吗？为什么？

3. 你认为保罗是一位怎样的人？请简要说一下原因。

暮思

小坡的生日

一、阅读积累

积累文中优美的词语和句子。

二、阅读品评

1. 是什么问题让小坡一想便糊涂得要命？

2. 你喜欢文中这个故事吗？为什么？

"来！快告诉我们，怎么了？为什么哭的？"女孩子再问他，他才渐渐地抬起头来。那是一个小孩似的脸，哭着告诉她们，说扫除了好几处烟囱，得着三十个铜币，不知什么时候从口袋的破洞里漏掉了。说着又指破孔给她们看。据说，如果没有钱就不能回去。

"师父要打的！"他说着又哭了起来，把头俯伏在臂上，很为难的样子。女学生们围着他看，觉到他很可怜。这时其余的女学生也夹了书包来了。有一个帽子上插着青羽的大女孩从袋里拿出两个铜币来说：

"我只有两个，再凑凑就好了。"

"我也有两个在这里。"一个着红衣的接着说。

"大家凑起来，三十个光景是一定有的。"又叫其余的同学们，"亚马里亚！亚尼娜！一个铜币，你们哪个有钱？请拿出来！"

果然，有许多人为了买花或笔记本都带着钱，大家都拿出来了。小女孩也拿出一个半分的小银币。插青羽的女孩将钱集拢了大声地数。

八个，十个，十五个，但是还不够。这时，恰巧来了一个像先生一样的大女孩，拿出一个当十的银币来，大家都高兴了。还差五个。

"五年级的来了！她们一定有的。"一个说。

五年级的女孩一到，铜币立刻集起许多了。大家还都急急地向这里跑来。一个可怜的烟囱扫除人，被围在美丽的衣服、摇动的帽羽、发丝带、鬈毛之中，那样子真是好看。三十个铜币不但早已集齐，而且还多出了许多。没有带钱的小女孩挤入大女孩群中，将花束赠给少年作代替。这时，忽然校役出来说："校长先生来了！"
女学生们就麻雀般地四方走散。烟囱扫除人独自立在街路中，欢喜
地拭着眼泪，手里装满了钱，上衣的纽孔里、衣袋里、帽子里都装
满了花，还有许多花散布在他的脚边。

（本文为节选）

1. 扫除烟囱的小孩为什么在路角里独自哭泣？
2. "果然，有许多人为了买花或笔记本都带着钱，大家都拿出来
了。"这一句中"果然"是什么意思？
3. 这位扫除烟囱的小孩受到大家的捐助后，以后的命运会是怎样
的呢？让我们展开一下想象吧！

塞下曲

【唐】卢纶

lín àn cǎo jīng fēng
林 暗 草 惊 风,

jiāng jūn yè yǐn gōng
将 军 夜 引 弓。

píng míng xún bái yǔ
平 明 寻 白 羽,

méi zài shí léng zhōng
没 在 石 棱 中。

【释义】林中昏暗风吹草动令人惊,将军夜中搭箭拉弓显神勇。天明寻找昨晚射的白羽箭,箭头深深插入巨大石块中。

【诵读指导】请读出对神勇将军的赞叹之情。

绝句

【唐】杜甫

chí rì jiāng shān lì
迟 日 江 山 丽,

chūn fēng huā cǎo xiāng
春 风 花 草 香。

ní róng fēi yàn zi
泥 融 飞 燕 子,

shā nuǎn shuì yuān yāng
沙 暖 睡 鸳 鸯。

【释义】江山沐浴着春光,多么秀丽,春风送来花草的芳香。燕子衔着湿泥忙筑巢,暖和的沙子上睡着成双成对的鸳鸯。

【诵读指导】注意读出作者对美好春光无限赞美的感情。

dì zǐ guī
弟子规

dōng zé wēn	xià zé qìng	chén zé xǐng	hūn zé dìng
冬则温	夏则清	晨则省	昏则定

chū bì gào	fǎn bì miàn	jū yǒu cháng	yè wú biàn
出必告	反必面	居有常	业无变

shì suī xiǎo	wù shàn wéi	gǒu shàn wéi	zǐ dào kuī
事虽小	勿擅为	苟擅为	子道亏

wù suī xiǎo	wù sī cáng	gǒu sī cáng	qīn xīn shāng
物虽小	勿私藏	苟私藏	亲心伤

【释义】冬天寒冷时提前为父母温暖被窝，夏天酷热时提前帮父母把床铺扇凉。早晨起床后，先探望父母，向父母请安；晚上伺候父母就寝后，才能入睡。出门时告诉父母去向，返家后，面告父母报平安；起居作息，要有规律；做事有常规，不要任意改变，以免父母忧虑。事情虽小，也不要擅自作主和行动；擅自行动造成错误，让父母担忧，有失做子女的本分。公物虽小，也不要私自占为己有；如果私藏公物，缺失品德，就会让父母伤心。

迟 到

林海音

同学们，你们迟到过吗？当时的感受是怎样的？下面我们一起来欣赏一篇由林海音写的文章《迟到》，看看她是如何记录自己童年时迟到经历的吧！

我的童年是在父母的呵护中度过的。

我的父亲很疼我，但是他管教我很严很严。有一件事我永远忘不了。

当我在一年级的时候，就有早晨赖在床上不起来的毛病。每天早晨醒来，看到阳光照到玻璃窗上了，我的心里就是一阵愁。心想，已经这么晚了，等起来，洗脸、梳头、换制服，再走到学校去，准又是一进教室就被罚站在门边，同学们的眼光，会一个个向你投过来。我虽然很懒惰，可是也知道害羞呀！所以又愁又怕，常常都是怀着恐惧的心情，奔向学校去。最糟的是，爸爸是不许小孩子上学乘车的，他不管你晚不晚。

有一天，从早晨起就下大雨，我醒来就知道不早了，我听着不停的大雨，心里愁得不得了。我上学不但要迟到了，而且在这夏天的时候，还要被妈妈打扮得穿着肥大的夹袄，一路走到学校去。想到这么不舒服的上学，我竟很勇敢地赖在床上不起来了。

等一下，妈妈进来了。她看我还没有起来，吓了一跳，催促着我，但是我皱紧了眉头，低声向妈哀求说："妈，今天已经晚了，我就不要去上学了吧?"

妈妈就是做不了爸爸的主，当她转身出去，爸爸就进来了，他站到床前，瞪着我：

"怎么不起来? 快起! 快起!"

"晚了，爸!"我硬着头皮说。

"晚也得去，怎么可以逃学? 起!"

一个字的命令最可怕，但是我怎么啦? 居然有勇气不挪动。

爸气极了，一下把我从床上拖起来，从桌上抄起一把鸡毛掸子，我挨打了!

爸把我从床头打到床尾，外面的雨声混合着我的哭声。最后还是冒着大雨上学去了，我像是一只狼狈的小狗，被宋妈抱上了洋车。第一次花五大枚坐车去上学。

我坐在放下雨篷的洋车里，一边抽抽搭搭地哭着，一边检查我的伤痕。那一条条鼓起的鞭痕，红肿的，而且发着热。我把裙子向下拉了拉，想遮盖住最下面的一条伤痕，我是怕同学看见了要耻笑我。

虽然迟到了，但是，老师并没有罚我站，这是因为下雨天可以原谅的缘故。

老师教我们先静默再读书，坐直身子，手背在身后，闭上眼睛，静静地想五分钟。老师说："想想看，你是不是听爸妈和老师的话? 昨天留的功课有没有没做好? 今天功课全带来了吗? 早晨跟爸妈有礼貌地道别了吗？……"我听到这儿，鼻子不禁抽搭了一大下，幸好我的眼睛是闭着的，泪水不至于流出来。

正在静默的当中，有人拍了我的肩头一下，我急忙睁开了眼，原来是老师站在我的位子边。他用眼势告诉我，让我向教室的窗外看去。我猛一转头看，原来是爸爸站在窗外那瘦高的影子！

我刚安静下来的心，又害怕起来了！爸爸为什么追到学校来？爸爸点头招我出去了，我看看老师，征求他的同意。老师微笑着点点头，表示答应我出去。

我走出了教室，站在爸面前。爸没说什么，打开了手中的包袱，拿出来的是我的花夹袄。他递给我，看着我穿上，又拿出两个铜板递给我。

后来怎么样了，我已经不记得。由于这件事，我从此一生做一个守时守信的人。

> **读后想一想**
>
> 1. 为什么"我"很勇敢地赖在床上不起来？
> 2. 为什么经历过这次迟到，"我"一生都守时守信了？
> 3. 通过这篇文章，你看到了一位怎样的父亲？

让我们荡起双桨

乔羽

《让我们荡起双桨》是1955年拍摄的少儿电影《祖国的花朵》主题曲。这首由刘炽先生作曲，乔羽先生作词，旋律优美、节奏轻快的歌曲，创作于20世纪50年代，横跨半个世纪，影响了足足三代少先队员。

让我们荡起双桨，

小船儿推开波浪，

海面倒映着美丽的白塔，

四周环绕着绿树红墙。

小船儿轻轻飘荡在水中，

迎面吹来了凉爽的风。

红领巾迎着太阳，

阳光洒在海面上，

水中的鱼儿望着我们，

悄悄地听我们愉快歌唱。

小船儿轻轻飘荡在水中，

迎面吹来了凉爽的风。

做完了一天的功课，

我们来尽情欢乐，

我问你亲爱的伙伴，

谁给我们安排下幸福生活？

小船儿轻轻飘荡在水中，

迎面吹来了凉爽的风。

读后
想一想

1. 你觉得这首歌词写得优美吗？请用"＿＿＿"画出你认为写得优美的句子。

2. 你会唱这首歌吗？请把它唱给你的父母听好吗？

天蓝色的种子

【日本】中川李枝子

好东西，要大家一起分享；假若独享，则会失去一切。读了下面的文章，相信你对这句话会有更深的感受。愿大家拥有好东西时，都能与你们的好朋友一起分享。

雄治在原野上放模型飞机。

这时候，森林里的狐狸跑来对雄治说："呀，这飞机真好！雄治，把这飞机送给我吧！"

"不能给，它是我的宝贝嘛！"

"那，跟我的宝贝交换吧。"狐狸说着，从兜里掏出一颗天蓝色的种子。

雄治用飞机换了种子。

他回到家，把种子种在院子正当中，又浇了很多水，还用蜡笔在图画纸上写好"天蓝色的种子"，立在那里。

"已经发芽了吧?"第二天大清早，他去一看，呀！土里长出了天蓝色的房子，像豆粒一般大。

"长出房子啦，长出房子啦！"

雄治急忙拿出喷壶，给小小的房子浇上水。

"长大吧，长大吧。"天蓝色的房子长大了一点。

"咦，真棒，这是我的家呀！"小鸡跑过来，进去了。

天蓝色的房子又长大了一点。

"咦，真棒，这儿有我的家！"小猫走来，也进去了。

天蓝色的房子不停地长大。

"咦，真棒，做我的家可真不坏呀！"小猪也来了。

"雄治呀，这真是好房子啊！"

窗户上，小鸡、小猫和小猪，快乐的脸儿排成一行。

照着阳光，还浇上水，天蓝色的房子长得更大了。

"真棒，是我的家呀！"这一回，雄治进去了。

这时候，太郎和花子来玩了，阿茂、阿广和久美子也来了。

天蓝色的房子，一刻也不停地长大。

兔子、松鼠、鸽子来了，野猪也来了，大象爸爸、大象妈妈和小象也来了。

尽管这样，天蓝色的房子还是越长越大，终于长成了像城堡一样的漂亮的楼房。

"让我进来！"

"也让我进来！"

城镇中的孩子们，都来到房子里。

森林里的动物，陆陆续续赶来了。

狐狸也跑过来，睁圆眼睛：呀，了不起，多大的房子啊！

"喂——狐狸，这是天蓝色的种子长出的房子噢！"

"呀——吓一跳！"狐狸跳起来说，"雄治，飞机还给你，你也把房子还给我！"

接着，它大声喊："喂——这房子是我的，请不要进去，大家都出来！"

门打开，出来一百个孩子、一百只兽和一百只鸟。

狐狸大摇大摆地走进房子，马上把门上了锁，满屋转着跑，把窗户一扇一扇全关上了。

天蓝色的房子突然长得更大。

"啊，不得了，要碰到太阳了！"

正在雄治喊话时，房屋猛烈摇动，好像天蓝色的花瓣散落一样，屋顶、墙壁和窗户，都崩塌了。

大家抱着脑袋，趴在地上。

等了一会儿，雄治抬头一看，哪儿也没有天蓝色的房子，只有写着"天蓝色的种子"的图画纸立在那里。还有，那旁边，吓昏了的狐狸正直挺挺地躺着呢。

读后
想一想

1. 雄治是如何得到天蓝色的种子的？
2. 天蓝色的种子是如何一步步变成漂亮楼房的？
3. 通过这个故事，你明白了什么道理？

寄小·读者

冰 心

《寄小读者》是冰心在 1923 年至 1926 年间写给小读者的通讯，共 29 篇，其中有 21 篇是她赴美留学期间写成的，主要记述了海外的风光和奇闻异事，同时也抒发了她对祖国、对故乡的热爱和思念之情。

似曾相识的小朋友们：

我以抱病又将远行之身，此三两月内，自分已和文字绝缘；因为昨天看见《晨报》副刊上已特辟了"儿童世界"一栏，欣喜之下，便借着软弱的手腕，生疏的笔墨，来和可爱的小朋友，作第一次的通讯。

在这开宗明义的第一信里，请你们容我在你们面前介绍我自己。我是你们天真队里的一个落伍者——然而有一件事，是我常常用以自傲的：就是我从前也曾是一个小孩子，现在还有时仍是一个小孩子。为着要保守这一点天真直到我转入另一世界时为止，我恳切地希望你们帮助我，提携我，我自己也要永远勉励着，做你们的一个最热情最忠实的朋友！

小朋友，我要走到很远的地方去。我十分地喜欢有这次的远行，因为或者可以从旅行中多得些材料，以后的通讯里，能告诉你们些略为新奇的事情。——我去的地方，是在地球的那一边。我有三个弟弟，最小的十三岁了。他念过地理，知道地球是圆的。他开玩笑地对我说："姊姊，你走了，我们想你的时候，可以拿一条很长的竹竿子，从我们的院子里，直穿到对面你们的院子去，穿成一个孔穴。我们从那孔穴里，可以彼此看见。我看看你别后是否胖了，或是瘦了。"小朋友想这是可能的事情么？——我又有一个小朋友，今年四岁了。他有一天问我："姑姑，你去的地方，是比前门还远么？"小朋友看是地球的那一边远呢，还是前门远呢？

我走了——要离开父母兄弟，一切亲爱的人。虽然是时期很短，我也已觉得很难过。倘若你们在风晨雨夕，在父亲母亲的膝下怀前，姊妹弟兄的行间队里，快乐甜柔的时光之中，能联想到海外万里有一个热情忠实的朋友，独在恼人凄清的天气中，不能享得这般浓福，则你们一瞥时的天真的怜念，从宇宙之灵中，已遥遥地付与我以极大无量的快乐与慰安！

小朋友，但凡我有工夫，一定不使这通讯有长期间的间断。若是间断的时候长了些，也请你们饶恕我。因为我若不是在童心来复的一刹那顷拿起笔来，我决不敢以成人烦杂之心，来写这通讯。这一层是要请你们体恤怜悯的。

这信该收束了，我心中莫可名状，我觉得非常得荣幸！

冰心

一九二三年七月二十五日

（本文为节选）

读后
想一想

1. 冰心在信中是如何介绍自己的？
2. 弟弟有哪些天真有趣的想法？
3. 文章最后三段表达了作者怎样的感情？

长袜子皮皮

【瑞典】阿斯特丽德·林格伦

《长袜子皮皮》是瑞典儿童文学作家阿斯特丽德·林格伦的童话代表作之一。目前该书已被译成30多种文字。皮皮是一个奇怪的人，她样子奇怪，力大无比，还能制服许多东西。她十分善良，对人热情。她好开玩笑，喜欢冒险，常想出许多鬼主意，创造一个又一个奇迹……

　　一个礼拜天傍晚前，皮皮坐在那里正不知道干什么好。汤米和安妮卡跟着他们的爸爸妈妈上别人家里吃茶点去了，因此别想等他们来看她。

　　这一天本来充满了有趣的事情。她很早就起来，给纳尔逊先生[1]在床上喝了水果汁，吃了小面包。它穿着它那件蓝色睡衣坐在那里，双手捧着玻璃杯，样子真可爱。接着她喂了马，给它梳了毛，

————————
①纳尔逊先生：皮皮的一只小猴子，名叫纳尔逊。

还给它讲了自己航海的长篇故事。接着她到客厅，在墙上画了一幅大壁画。这幅画画一位胖太太，穿一件红衣服，戴一顶黑帽子，一只手拿朵黄花，一只手拿只死老鼠。皮皮觉得这幅画美极了，使整个房间都明亮起来。接着她坐在她那个柜子旁边，把她所有的鸟蛋和贝壳都看了一遍。接着她回想她和爸爸收集这些东西时到过的所有美丽地方，以及他们买东西时到过的世界各处的可爱小店。买的这些好玩东西，如今正在柜子抽屉里放着。接着她想教纳尔逊先生跳两拍子圆舞，只是它不肯学。过了一会儿，她想是不是教马跳，可是没教，纳尔逊先生却爬进木箱，盖上了盖，把自己关在里面，装作自己是罐头沙丁鱼。真可惜汤米和安妮卡不在，要不他们也会成为沙丁鱼的。

可现在天开始黑下来。皮皮把她那个小土豆鼻子顶着窗玻璃，看着外面秋天的夕阳。这时候她忽然想起，已经有好几天没骑马了，于是决定这就去骑。这样结束一个快活的礼拜天，倒也不错。

她去戴上大草帽，带着正在墙角打玻璃弹子的纳尔逊先生，装好马鞍，把马从而廊捧下来。他们骑马走了，纳尔逊先生骑在皮皮身上，皮皮骑着马。

天太冷，路上都冻了冰，她们跑起来嗒嗒嗒嗒响。纳尔逊先生蹲在皮皮的肩膀上，想抓住路上碰到的树枝，可是皮皮骑得太快，它来不及抓，反而被呼呼掠过的树枝弄破了耳朵，连戴草帽也觉得痛。

皮皮骑马穿过全镇。当她飞驰而过的时候，路人吓得把身体尽量紧贴着墙。

瑞典乡下每个镇都有一个市场，这个镇里也有一个。在它附近有一座很小的镇公所，漆黄颜色，还有几座漂亮的单层房子。此外还有一座高得看上去像摇摇欲坠的大房子。这座三层楼房是新造的，叫作"摩天楼"，因为它比镇上哪一座房子都高。

在这个礼拜天傍晚，小镇显得非常安静。可这安静忽然被一声大叫打破："摩天楼失火了！救火啊！救火啊！"

人们张大眼睛从四面八方跑来。救火车可怕地当当当敲着钟在街道上开过。镇上的小孩子本来总是爱看救火车，这时却吓得哭起来，因为他们断定他们的房子也要着火。摩天楼前面的广场挤满了人。警察尽力叫他们让出道来，好让救火车通过。从摩天楼窗口冒出来的火焰乱窜，浓烟和火星包围着勇敢救火的消防队员。

火从楼下烧起，很快就蔓延到上面两层，挤在广场上的人忽然看见一个使他们吓得直喘气的可怕景象。原来房顶有一个顶楼，一只小孩子的手刚把顶楼的窗子打开，接着只见两个小男孩站在那窗口里大喊救命。

"我们下不来，有人在楼梯上生了火！"大的那个叫。

他只有五岁，他的弟弟还要小一岁。他们的妈妈有事出去了，现在只剩下他们两个人站在那里。下面广场上许多人哭起来，消防队长看来十分着急。救火车上当然有梯子，可是不够长，够不到那么高的地方。也没办法进屋上楼去救那两个孩子。广场上的人知道没法救出这两个孩子以后都感到绝望。那两个可怜小家伙只是站在那里哭叫。离火烧到顶楼的时间已经不多了。

皮皮骑着马正在广场的人群当中。她很有兴趣地看着救火车，动脑筋是不是该给自己买一辆这样的汽车。她喜欢它因为它是红的，穿过街道时发出那么响的声音。接着她看到毕毕剥剥的大火，

有点火星落到她身上，她觉得好玩极了。

她这么东看西看，突然看到了顶楼上那两个小男孩。她很奇怪，这场大火这么好看，他们怎么看来一点也不欣赏？她实在不明白，最后只好问站在她周围的人："那两个孩子干么哭叫啊？"

起先她得不到回答，只听到抽抽嗒嗒的哭声。后来一个大胖子说："嗨，你怎么想的？要是你自己在那上面下不来，你想你能不哭叫吗？"

"我从来不哭叫，"皮皮说，"不过他们实在下不来，为什么没人去帮他们呢？"

"就因为办不到。"那大胖子说。

皮皮想了一阵。

"哪位能给我一根长绳子吗？"她说。

"那有什么用？"大胖子说，"那两个孩子太小，还不会爬绳子下来。再说绳子有什么办法弄到上面他们那儿去呢？"

"噢，航海的人有办法。"皮皮轻松地说，"我需要根绳子。"

大家不相信皮皮拿到绳子能有什么用处，可还是给皮皮弄来了绳子。

摩天楼的山墙旁边有一棵高树。树梢差不多平着顶楼窗口，不过至少离开三米。树干又光又滑，没有一根树枝可以用来攀登。皮皮也爬不上去。

火在燃烧，顶楼上的孩子在哭叫，广场上的群众在哭泣。

皮皮跳下马，走到树下。接着她拿起绳子，把它挂在纳尔逊先生的尾巴上。

　　"现在你会乖乖听我皮皮的话,对吗?"她说着把纳尔逊先生放到树干上,轻轻一摊。它很明白叫它做什么,就听话地爬到树上去。小猴子爬树一点也不算什么。

　　广场上的人们屏住气,盯着纳尔逊先生看。它很快就到了树梢。它坐在一根树枝上低头看皮皮。她招手叫它重新下来,它照办了。可这回它从树枝的另一边下来,因此它到了地下面,绳子已经挂在树枝上,绳子两个头都在地上这儿。

　　"纳尔逊先生,你真聪明,要在古时候,你就可以当教授了。"皮皮说着解开猴子尾巴上的绳结。

　　附近有一座房子正在修理。皮皮跑过去拿来一块长跳板。她夹住跳板,另一只手抓住绳子,用脚在树干上一踢一踢的,轻快地沿着绳子爬上去。人们惊讶得连哭也忘了。她到了树顶上,把长跳板搭在粗树枝上,小心地把它推到顶楼窗口。长跳板在树梢和那窗口之间搭成了一座桥。

　　广场上的人鸦雀无声地抬头盯着上面看,担心得一句话也说不出来。他们只看见皮皮在高空里踏到跳板上,和气地对顶楼上那两个孩子微笑着。

　　"你们看起来有点不高兴,"她说,"是肚子疼吗?"

　　她跑过跳板,跳进顶楼。

　　"这里挺热,"她说,"我可以保证,今天你们不用再加木柴了。我想明天可以在炉子里生点小火。"

　　接着她一个胳肢窝夹一个男孩,重新爬出来,站到跳板上。

　　"现在你们真可以玩玩了,"她说,"这跟走绳索差不多。"

走到木跳板当中，她高高举起一条腿，就跟她在马戏场上做的那样。人群中掠过一阵不安的嗡嗡声。接着皮皮的一只皮鞋掉下来，几位老太太当场昏了过去。可是皮皮带着两个小男孩终于安全回到树上，下面群众欢声雷动，响彻黑暗的黄昏，把大火的毕毕剥剥声也盖过了。

接着皮皮把绳子拉上去，把一头牢牢拴在一根树枝上，另一头拴着一个小男孩，小心地慢慢放下去。孩子的妈妈站在广场上等着，惊喜交集，孩子一下来就接住了。她热泪盈眶，张开双臂抱住她的孩子。可皮皮在上面叫："请你解开绳子！这里还有一个呐，他又不会飞。"

几个人帮忙解开绳子，放下小男孩。皮皮真会打绳结！她是在海上学的。接着她把绳子重新拉上去，又放下另外一个小男孩。

现在皮皮一个人留在树上了。她又跳到跳板上。所有的人抬头看着她，不知道她要干什么。皮皮在那条窄木板上跳舞，跳过来，跳过去，姿态优美地把两臂举起放下，用粗嗓子唱起了歌，广场上的人好容易听到了。

火在烧，

火焰高，

噢，火把周围都照耀！

它为你们烧，

它也为我烧，

它为所有夜里跳舞的人来烧！

她一边唱一边越跳越疯，广场上许多人吓得连眼睛都闭上了，心想她这样一准会掉下来跌伤。大火已经冲出顶楼窗口，在火光中大家可以清楚看到皮皮。她把双手伸向夜空。当火星洒落在她头顶上时，她大叫道："多可爱、多可爱、多可爱的火啊！"

接着她一跳就跳到了绳子上。

"呜——！"她叫着像闪电一样快就滑到了地面。

"为长袜子皮皮四呼万岁！"消防队长大叫道。

"万岁！万岁！万岁！万岁！"全场群众欢呼。可有一个人欢呼了五遍，这个人就是皮皮。

（本文为节选）

读后
想一想

1. 两个困在顶楼处的小男孩处境怎么样？是从哪儿看出来的？
2. 从这个故事中，你感觉皮皮是一个怎样的小孩？
3. 为什么全场群众最后欢呼"万岁""万岁"呢？这表达了他们怎样的心情？

第二单元

名人故事

浪淘沙
làng táo shā

【唐】刘禹锡

jiǔ qū huáng hé wàn lǐ shā
九曲黄河万里沙，
làng táo fēng bǒ zì tiān yá
浪淘风簸自天涯。
rú jīn zhí shàng yín hé qù
如今直上银河去，
tóng dào qiān niú zhī nǚ jiā
同到牵牛织女家。

【释义】 弯弯曲曲的黄河河流漫长，夹带着大量的黄沙，黄河波涛汹涌，奔腾澎湃，来自天边。现在我要迎着风浪直上银河，走到牛郎、织女的家门口。

【诵读指导】 请读出对汹涌黄河的赞叹，注意体会作者神奇的想象。

春夜喜雨
chūn yè xǐ yǔ

【唐】杜甫

hǎo yǔ zhī shí jié dāng chūn nǎi fā shēng
好雨知时节，当春乃发生。
suí fēng qián rù yè rùn wù xì wú shēng
随风潜入夜，润物细无声。
yě jìng yún jù hēi jiāng chuán huǒ dú míng
野径云俱黑，江船火独明。
xiǎo kàn hóng shī chù huā zhòng jǐn guān chéng
晓看红湿处，花重锦官城。

【释义】春雨知道适应季节，当万物萌发生长时，它伴随着春风，在夜晚偷偷地及时降临，滋润万物又细微无声。郊野的小路和空中的云朵躲在黑暗之中，江上渔船的灯火却格外明亮。待到天明，看那细雨滋润的红花，映着曙光分外鲜艳，饱含雨露的花朵开满了锦官城。

【诵读指导】全诗没有一个"喜"字，却处处体现了作者对春雨到来时的喜悦之情，朗读时请注意。

dì zǐ guī

弟子规

qīn suǒ hào	lì wèi jù	qīn suǒ wù	jǐn wèi qù
亲所好	力为具	亲所恶	谨为去
shēn yǒu shāng	yí qīn yōu	dé yǒu shāng	yí qīn xiū
身有伤	贻亲忧	德有伤	贻亲羞
qīn ài wǒ	xiào hé nán	qīn zēng wǒ	xiào fāng xián
亲爱我	孝何难	亲憎我	孝方贤
qīn yǒu guò	jiàn shǐ gēng	yí wú sè	róu wú shēng
亲有过	谏使更	怡吾色	柔吾声

【释义】父母喜欢的事情，应该全力去做；父母厌恶的事情，要小心谨慎不要去做。自己的身体受到伤害，父母就会忧虑；做出伤风败德的事，父母亲就会蒙受羞辱。父母喜爱我们的时候，孝顺不是困难的事情；父母不喜欢我们或管教过于严厉的时候，孝顺父母才是难能可贵的。父母有过错的时候，应小心劝导改过向善；劝导时要和颜悦色、态度诚恳。

普通的人 伟大的心

李凤章

当年叱咤风云的元帅走到乡里乡亲中间，会是一个什么样子？读了本文后，你一定会得到答案。我们从这位元帅身上学习些什么品质？也请你好好思考思考。

　　我的家住在西郊一个叫挂甲屯的幽静的小村，离我的住宅不远有一处荒废了多年的吴家花园。一九五九年下半年，吴家花园搬来一个新住户。不久，人们就常常看到一位老人背着双手在村街的土路上沉思漫步。后来也不知道谁走漏了"风声"，小村子里的人们都知道了这个新住户就是被罢了官的彭老总。从此。村里的老年人都亲切地喊他老头子，孩子们则尊敬地称他彭爷爷。

　　一天黄昏，我和母亲在院子里乘凉，彭老总精神爽逸地来到我家。他穿一身染成了黑色的旧军服，脚上是一双旧布军鞋，是再普通不过了。他和蔼可亲地询问我母亲的年龄，母亲告诉了他，他爽朗地笑着说："你比我大两岁，你是我的老姐姐。"从此，他便一直喊我母亲"老姐姐"，我的母亲也乐意地认下了这个找上门来的"弟弟"。后来，他便常常到村里一些人家去串门，询问人们的生活、队里的生产，拉家常，问疾苦，亲亲热热，无间无隔。谁也不相信终日生活在他们身边的这位如此平易的老人，竟是当年威震敌胆、横扫千军的元帅。

　　有一回，他在街上碰见了我，问我是否读过《马克思传》这本书，说这是一本好书，要我认真读一读。他还很有兴味地跟我讲了马克思怎样为共产主义奋斗了一生。末了，他说："一个人活在世上，如果老想着自己，为自己活着，那他活着就是没有意义的。"从他那自言自语的神态中，我感到他并不是专门讲给我听的，倒像是他内心的严格自励。

最使我不能忘怀的是我结婚那天，彭老总来我家串门。一进门就嗔怪起我的母亲，说这样的大事为什么不告诉他。看他那认真的样子，倒真像是我家的一位至亲。他坐了坐，说了些祝福我们的话就走了。不一会，就派人给我们送来了礼物：一套玻璃酒杯和一幅仿制明代唐寅的《听涛图》织锦画。那酒杯一共六只，装在一个精致的小盒里；六只杯子，六种颜色，六种花纹，透过那不同的色泽，看到里边仿佛永远装满了美酒。那幅画是画一个老人孤独地坐在松林峡谷中，无限神往地听那松涛，听那山溪的流淌。画上的情景常常引起我对眼前这位老人当时境况的联想，特别是题画的那首诗，更让我体察到了彭老总内心的高洁："参天松色千年志，坐听涛声到黄昏。"这正是彭总一生的写照。他那身躯正像青松一样伟岸，革命意志正像青松一样葱翠！正是他，一生置自己于人民之中，他的心声永远和人民群众的心声交响着。

每逢佳节，我们全家拿出我冒着很大风险珍藏下来的酒杯，斟满芬芳的美酒，一起深情地怀念着：

一个普通的人，一颗伟大的心！

读后
想一想

1. 从哪些地方看出彭老总深受村民的尊敬？

2. 用"____"画出彭老总严格自励的话语。思考一下你从中体会到什么？

3. 作者为什么要用"普通的人 伟大的心"来当作文章的题目？

大明星的小·角色

石保青

姜文是一位赫赫有名的电影明星。除了精湛的演技之外，他身上的勤奋、刻苦的品质却鲜有人知。读了下面的文章，你会看到一位镜头之外的明星形象。

二〇〇九年一月的一天，正忙着看新片《让子弹飞》筹备工作的著名导演姜文，突然接到中国电影集团董事长韩三平的电话。韩三平在电话中告诉姜文，说他为国庆六十周年筹备多时的重点献礼片《建国大业》就要开拍了，他想请姜文来出演军统头子毛人凤。但话得说明白了，"毛人凤"的戏份总共只有三场戏。也就是说，来了就是跑龙套。

接下任务的姜文，没有坐等，而是主动去做足功课。姜文暂时放下了自己手中的工作，全面研究"毛人凤"。有关毛人凤的书籍、图片以及影像资料，他都一一查看，为三场戏竟然考证了半尺多厚的资料。

二〇〇九年三月，姜文从北京飞到上海片场，他抱着半尺多厚的关于毛人凤的资料，把韩三平和黄建新导演都看呆了，他们说："我们看的毛人凤的资料绝对没你多。怎么演以你为准。"他们刚说完，姜文便敬了个军礼。敬礼的时候，姜文略微猫腰，十分有趣。

韩三平一看忙问："你敬的礼怎么和别人的不一样？你这是什么新型军礼啊！"姜文笑着解释道："这是毛人凤的标准军礼。毛人凤和其他留美留欧的国民党将领敬礼方式不一样。我考证过，毛人凤是从日式军官学校毕业的，举止有日本人的作风，行的是日式的军礼，在敬礼时习惯先撅一下屁股。"姜文说的有根有据，让韩三平和黄建新心服口服。

为了不给剧组添麻烦，姜文进剧组的时候，还带来了自己直接做好的一套标准的国民党军装以及准备好的相关道具行头。见姜文戴的是一副蛤蟆镜，黄建新就说这个不对啊。姜文说，这个真"对"。然后，姜文翻出他考证过的资料，韩三平和黄建新一看才知道，上个世纪四十年代流行的就是他戴的这种眼镜。

作为蜚声国际的著名导演及演员，姜文仅为了三场很短的戏，下了这么大的工夫，做了非常细致的研究，准备得相当充分，真正做到了"招之即来，来之能战"。

正式开拍的那一天，姜文一进片场就一副飞扬跋扈的模样，与他扮演的历史人物相当契合，一个活脱脱的"毛人凤"跃然而出。正如总导演韩三平评价的那样："姜文戏不多，但真的精彩。姜文不愧为'大明星'。而明星之所以能成为明星，正是因为他们在某些方面比别人做得更勤奋更出色。明星就是好演员，好演员就是品质的保证。"

读后
想一想

1. 从哪儿看出姜文在背后下了很多功夫？
2. 姜文身上有哪些令人佩服的品质？

捣蛋鬼日记

【意大利】万巴

捣蛋鬼加尼诺受到姐姐的启发学写日记，决心把自己的想法和经历的事情都记到上面去。日记记载了他在半年时间里怎么把家里搅得天翻地覆，甚至毁掉了他姐夫的政治声誉和前途，终于成为"不可教诲的祸星"的经过。

哈，今天我去找那些送给我姐姐照片的人了，真好玩啊！

我第一个找的是卡洛·内利。他是一个门面漂亮的时装店老板，总是穿着最流行的衣服，走起路来老用脚尖，大概因为鞋子太窄了。内利一见我进了他的店，就对我说："噢！加尼诺，你病好了吗？"

我回答他说好了，接着又一个个地回答了他所有的问题。他送了我一根漂亮的红领带。

我谢了谢他，这是我应该做的。既然他开始问我姐姐的事，我认为是时候了，就取出了照片。这张照片背后用钢笔写着："老来俏，我知道他将要说些什么。"

他看了自己的照片（就像画上画的），小胡子气得都竖了起来，嘴张得很大，大得都快要连到耳根了，脸涨得像红辣椒。他对我说："好哇！是你在跟我做恶作剧？！"

我回答他说不是的。这张照片是在我姐姐抽屉里找到的。

说完，我就跑了。因为我看见他的脸色让人害怕，再说，我也不愿意听他罗罗嗦嗦地耽搁时间，我还要去散发其他的照片。

接着，我马上跑到皮埃利诺·马西的药店里。

他长得多丑啊！可怜的皮埃利诺长着红的卷发，脸色蜡黄，脸上还尽是坑坑洼洼的。

"你好，皮埃利诺。"我问候他。

"噢，是加尼诺！家里的人都好吗?"他问我。

"都好，大家也问你好。"

这时，他从药架子上取下了一只白色的大玻璃瓶，对我说："你喜欢吃薄荷片吗?"

还没等我回答，他就抓了一把五颜六色的薄荷片给我。

确实是这样，男孩子有个可爱的姐姐真是福气，总是能受到小伙子们的注意。

我收起薄荷片，然后取出照片，热情地对他说："你看看，这是今天早上我在家里找到的。"

"让我看看!"皮埃利诺伸长了手。我不愿无代价地把照片给他，可是，他用力抢了过去，念起照片背面用蓝铅笔写的字："他想吻我的手，真是笑话!"

皮埃利诺的脸马上像纸一样刷白，我甚至以为他会马上晕过去。但是，他没晕倒，却咬牙切齿地说："你姐姐这样愚弄一个好人是可耻的，你懂吗?"

尽管我已经完全懂了他的话，但他为了让我更明白他的意思，就举起腿来做了一个踢足球的动作。我没有理会他，只是抓起一把散在柜台上的薄荷片，飞快地跑出药店，到乌戈·贝利尼那儿去了。

乌戈·贝利尼是一个很年轻的律师，快二十三岁了，同他父亲在一个律师事务所里做事。事务所设在维多利亚·埃马努埃莱路十八号。看到乌戈走路的样子就知道他是谁了。他走起路来挺胸凸肚，鼻子朝天，可是说起话来声音却很低，好像脸要碰到鞋底似的。

他确实长得很滑稽，我姐姐说的是有道理的。我向他打招呼，心里有点不忍，因为他是一个一本正经的人。

我进了门，对他说："请问，乌戈·贝利尼在这儿吗？"

他回答我说："你找他干吗？"

"这里有一张他的照片。"

我把照片递给他，照片背面写着："像个老头，多滑稽啊！"

乌戈·贝利尼一接过照片，我回头就跑。这么一来效果更强烈，因为当我下楼梯时，就听见了他可怕的吼声："没教养的！多管闲事！粗鲁！"

啊！要是把今天上午的事都写上的话，那么今天晚上觉都睡不成了！

那些小伙子，当他们看到照片背后的字时，脸色多难看啊！看到他们的种种怪样子，我都要笑破肚皮了。

然而，最可笑的是基诺·维阿尼，当我递给他反面写着"一脸驴相"的照片时，他的样子真让人可怜。他流着眼泪，有气无力地说："我完了！"

他说得不对，因为，如果他真的完了，那他就不能在房间里走来走去，嘟哝那么一大堆废话了。

（本文为节选）

读后
想一想

1. 从哪儿看出时装店老板气坏了？
2. 从哪儿看出药店老板气坏了？
3. 你看到了一个怎样的小男孩？

我叫马三立

刘连群

> 马三立先生是一位德高望重的相声大师，更是一位德艺双馨的曲艺泰斗。他的幽默，随时随地能够抓出笑料，足迹所到之处信手拈来，得心应口，激起笑声一片。

大师的幽默是不受舞台限制的，晚年的马三立似乎随时随地能够抓出笑料，足迹所到之处信手拈来，得心应口，激起笑声一片。接受采访或出席活动，往往有人要求拍照，当时还没有数码相机，人家刚把照相机举起来，他随意问道："胶卷是正品吗？"没等对方反应过来，接着要求："现在骗人的事太多，不行，先打开看看！"拍照者急了："一打开胶卷不就……"话到半截，他和在场的人就都乐了，原来是个"包袱"。马三立去劳教所向失足少年讲话，走下汽车就有两位女警察从两边搀扶，记者一路追随照相。走着走着，马三立忽然温和地对女警察说："能不能由一位扶着我？"女警察不解："马老，您年纪大了，两人扶着走不是更稳当吗！"他显出为难的样子回答："是，这样是稳当，可你们看这么多记者照相，明天一准见报，群众看见我让俩警察架着往里走，会说马三立这么大年纪还犯案，这不，被警察押着进监狱了！"此话一出，据说扶着他的两位女警察弯下身，半天没直起腰来！

马三立经常在台上说相声时自称"马大学问",其实生活中的他确实爱读书,到老仍手不释卷,并且兴趣广泛,博闻强记。他早年的名作多是"文段子",以擅长文哏著称,内容离不开引经据典之乎者也,虽然往往是"歪批",原文却是货真价实的。他说来流畅自如,一气贯通,断句、语气准确妥帖,和他在古书上下过很深的功夫是分不开的。他读书涉猎的面很广,从古诗文到演义、评话、野史、传奇、志异、"笑林"以至科普读物都读。为了在相声中讥讽算卦迷信,他还读了许多相书。他认为相声演员"肚子是杂货铺",为此他一直忙中偷闲见缝插针勤读不已。

除了读书,他还喜欢看戏。戏曲和曲艺历来不分家。看戏是他的老爱好,他结交了许多梨园行的朋友,还能粉墨登场。晚年偶尔在庆典或联欢性的合作戏中"客串"角色,虽然嗓音欠佳,却总能为之增色添彩。他还爱好国画、书法,爱看足球。

马三立的记忆力堪称训练有素,而且到老不衰。他说的段子经常有大段的"贯口活",文字很长,还要背诵如流、朗朗上口,都是靠早年的苦读强记。他到晚年一直没有放松对记忆力的锻炼。

读后
想一想

1. 文章从哪些方面介绍了马三立先生?
2. 从哪些句子看出马三立先生的幽默?
3. 文章给我们展现了一位怎样的相声大师形象?

幸福的秘密

【巴西】保罗·科埃略

> 一位少年，两次在一样的宫殿里漫步，却看到了不一样的景色。这究竟是为什么呢？读了下面的故事，你一定会明白什么才是幸福的秘密。

有位商人，把儿子派往世界上最有智慧的人那里，去讨教幸福的秘密。这位少年历尽艰辛，走了四十天终于找到了智者那美丽的城堡。

我们的主人公走进了城堡，没有遇到一位圣人，相反，却目睹了一个热闹非凡的场面：商人们进进出出，每个角落都有人在进行交谈，一支小乐队在演奏轻柔的乐曲。一张桌子摆满了那个地区的美味佳肴。智者正一个个地同所有的人谈话，所以少年必须要等上两个小时才能轮到。

智者认真地听了少年所讲的来访原因，但说此刻他没有时间向少年讲解幸福的秘密。他建议少年在他的宫殿里转上一圈，两个小时后再来找他。"与此同时我要求你办一件事，"智者边说边把一个汤匙递给少年，并在里面滴进了两滴油，"当你走路时，拿好这个汤匙，不要让油洒出来。"

少年开始沿着宫殿的台阶上上下下，眼睛始终盯着汤匙不放。两个小时之后，他回到了智者面前。

"你看到我餐厅里的波斯地毡了吗？看到园艺大师花了十年心血创造出来的花园了吗？注意到我图书馆那些美丽的羊皮卷文献了吗？"智者问道。

少年感到十分尴尬，坦率承认他什么也没看到，他当时唯一关注的只是智者交付给他的事，即不要让汤匙里的两滴油洒出来。

"那你就转回去见识一下我这里的种种珍奇之物吧，"智者说道，"如果你不了解一个人的家，你就不能信任他。"

少年轻松多了，他拿起汤匙重新回到宫殿里漫步。这一次他注意到了天花板和墙壁上悬挂的所有艺术品，观赏了花园和四周的山景，看到了花儿的娇嫩和每件艺术品都被精心摆放在恰当的位置上。当他再回到智者面前时，少年仔细地讲述了他所见到的一切。

"可是我交给你的两滴油在哪里呢？"智者问道。

少年朝汤匙望去，发现油已经洒光了。

"那么，这就是我要给你的唯一忠告，"智者说道，"幸福的秘密在于欣赏世界上所有的奇观异景，同时永远不要忘记汤匙里的两滴油。"

读后想一想

1. 少年几次在宫殿里漫步？这几次漫步有什么不同吗？
2. 读了这篇文章，你觉得幸福的秘密是什么？
3. 如果你是少年的话，你觉得自己找到幸福的秘密了吗？

回忆鲁迅先生

萧 红

你了解鲁迅先生吗？鲁迅是我国现代著名的文学家、思想家、革命家，是一位了不起的大文豪。那么生活中的他又是一个什么样子呢？让我们一起走进《回忆鲁迅先生》，去了解生活中的鲁迅先生。

鲁迅先生的笑声是明朗的，是从心里的欢喜。若有人说了什么可笑的话，鲁迅先生笑得连烟卷都拿不住了，常常是笑得咳嗽起来。

鲁迅先生走路很轻捷，尤其使人记得清楚的，是他刚抓起帽子来往头上一扣，同时左腿就伸出去了，仿佛不顾一切地走去。

有一天下午，鲁迅先生正在校对着瞿秋白的《海上述林》，我一走进卧室去，从那圆转椅上鲁迅先生转过来了，向着我，还微微站起了一点。

"好久不见，好久不见。"一边说着一边向我点头。

刚刚我不是来过了吗？怎么会好久不见？就是上午我来的那次周先生忘记了，可是我也每天来呀……怎么都忘记了吗？

周先生转身坐在躺椅上才自己笑起来，他是在开着玩笑。

梅雨季，很少有晴天。一天的上午刚一放晴，我高兴极了，就到鲁迅先生家去了，跑得上楼还喘着。鲁迅先生说："来啦！"我说："来啦！"

我喘着连茶也喝不下。

鲁迅先生就问我："有什么事吗？"

我说："天晴啦，太阳出来啦。"

许先生和鲁迅先生都笑了，一种对于冲破忧郁心境的展然的会心的笑。

青年人写信，写得太草率，鲁迅先生是深恶痛绝的。

"字不一定要写得好，但必须得使人一看了就认识。青年人现在都太忙了……他自己赶快胡乱写完了事，别人看了三遍五遍看不明白，这费了多少工夫，他不管，反正这费的工夫不是他的。这存心是不太好的。"

但他还是展读着每封由不同角落里投来的青年的信，眼睛不济时，便戴起眼镜来看，常常看到夜里很深的时光。

鲁迅先生抱着印花包袱从外边回来，还提着一把伞，一进门客厅里早坐着客人，把伞挂在衣架上就陪客人谈起话来。谈了很久了，伞上的水滴顺着伞杆在地板上已经聚了一堆水。

鲁迅先生上楼去拿香烟，抱着印花包袱，而那把伞也没有忘记，顺手也带到楼上去。

鲁迅先生的记忆力非常之强，他的东西从不随便散置在任何地方。

鲁迅先生的休息，不听留声机，不出去散步，也不倒在床上睡觉，鲁迅先生自己说："坐在椅子上翻一翻书就是休息了。"

鲁迅先生从下午两三点钟起就陪客人，陪到五点钟，陪到六点钟。客人若在家吃饭，吃过饭又要在一起喝茶，或者刚刚吃完茶走了，或者还没走就又来了客人，于是又陪下去，陪到八点钟，十点钟，常常陪到十二点钟。从下午两三点钟起，陪到夜里十二点，这么长的时间，鲁迅先生都是坐在藤躺椅上，不断地吸着烟。

客人一走，已经是下半夜了，本来已经是睡觉的时候了，可是鲁迅先生正要开始工作。在工作之前，他稍微阖一阖眼睛，燃起一支烟来，躺在床边上，这一支烟还没有吸完，许先生差不多就在床里边睡着了。（许先生为什么睡得这样快？因为第二天早晨六七点钟就要起来管理家务。）海婴这时也在三楼和保姆一道睡着了。

全楼都寂静下去，窗外也是一点儿声音没有了，鲁迅先生站起来，坐到书桌边，在那绿色的台灯下开始写文章了。

许先生说鸡鸣的时候，鲁迅先生还是坐着。街上的汽车嘟嘟地叫起来了，鲁迅先生还是坐着。

有时许先生醒了，看着鲁迅先生的背影是灰黑色的，仍旧坐在那里。

人家都起来了，鲁迅先生才睡下。

海婴从三楼下来了，背着书包，保姆送他到学校去，经过鲁迅先生的门前，保姆总是吩咐他说："轻一点儿走，轻一点儿走。"

鲁迅先生刚一睡下，太阳就高起来了。太阳照着隔院子的人家，明亮亮的；照着鲁迅先生花园的夹竹桃，明亮亮的。

鲁迅先生的书桌整整齐齐的，写好的文章压在书下边，毛笔在烧瓷的小龟背上站着。

一双拖鞋停在床下，鲁迅先生在枕头上边睡着了。

（本文为节选）

1. 在文中，是什么让鲁迅先生深恶痛绝？
2. 读过这篇文章，鲁迅先生给你留下了怎样的印象？
3. 你读过萧红的《呼兰河传》吗？在这本书中，萧红写出了记忆中的家乡，一个北方小城镇的单调的美丽、人民的善良。如果有机会，可找来读一读。

萧红（1911~1942），中国著名女作家，一位传奇性人物，在极端苦难与坎坷中，以柔弱多病的身躯面对世俗，历经反叛、觉醒与抗争，一次次与命运搏击，一生未向命运低头。1935年，在鲁迅的支持下，发表了成名作《生死场》。1940年，发表了著名长篇小说《呼兰河传》。这部作品是萧红后期代表作，通过追忆家乡的各种人物和生活画面，表达出作者对于旧中国的扭曲人性、损害人格的社会现实的否定。萧红以她娴熟的回忆技巧、抒情诗的散文风格、浑重而又轻盈的笔墨，造就了她"回忆式"长篇小说的巅峰之作。

shān zhōng wèn dá
山 中 问 答

【唐】李白

wèn yú hé yì qī bì shān
问 余 何 意 栖 碧 山，

xiào ér bù dá xīn zì xián
笑 而 不 答 心 自 闲。

táo huā liú shuǐ yǎo rán qù
桃 花 流 水 窅 然 去，

bié yǒu tiān dì fēi rén jiān
别 有 天 地 非 人 间。

【释义】有人问我为什么住在碧山上，我笑而不答，心中却闲适自乐。山上的桃花随着流水悠悠地向远方流去，这里就像别有天地的桃花源一样，不是凡尘世界所能比拟的。

【诵读指导】请读出诗人内心悠闲自得的心境。

chūn wàng cí
春 望 词

【唐】薛涛

huā kāi bù tóng shǎng　huā luò bù tóng bēi
花 开 不 同 赏，　花 落 不 同 悲。

yù wèn xiāng sī chù　huā kāi huā luò shí
欲 问 相 思 处，　花 开 花 落 时。

【释义】春天百花盛开，赏花的人却有不同的感受。花瓣纷纷下落时，为其悲哀的人也各有不同的心情。要问我内心的思念究竟在何处？它就在我观看花开花落的时候。

【诵读指导】朗读时请注意体会作者对友人的思念之情。

dì zǐ guī
弟子规

jiàn bú rù	yuè fù jiàn	háo qì suí	tà wú yuàn
谏不入	悦复谏	号泣随	挞无怨

qīn yǒu jí	yào xiān cháng	zhòu yè shì	bù lí chuáng
亲有疾	药先尝	昼夜侍	不离床

sāng sān nián	cháng bēi yè	jū chù biàn	jiǔ ròu jué
丧三年	常悲咽	居处变	酒肉绝

sāng jìn lǐ	jì jìn chéng	shì sǐ zhě	rú shì shēng
丧尽礼	祭尽诚	事死者	如事生

【释义】父母听不进去劝解，应该和颜悦色反复规劝；父母不听规劝，我们虽难过得痛哭流涕，也要恳求父母改过；纵然遭遇到责打，也无怨无悔，以免陷父母于不义，铸成大错。父母生病时，要替父母先尝药的冷热和安全；要昼夜服侍，一时不离开父母床前。父母去世之后，守孝三年，经常追思、感怀父母的养育之恩；生活起居，戒酒戒肉；办理父母的丧事要合乎礼节，不可铺张浪费；祭奠父母要诚心诚意；对待去世的父母，要像生前一样恭敬。

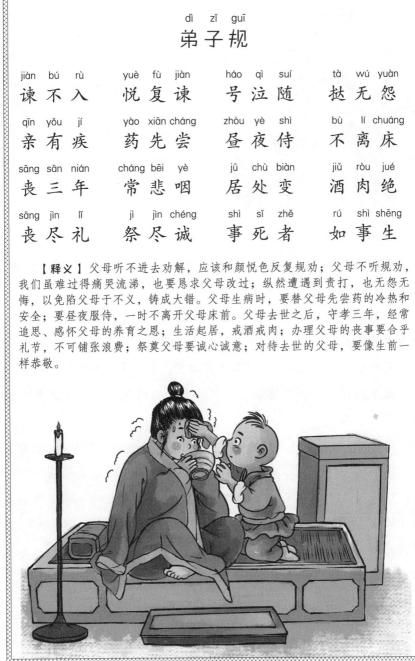

智 答

张颖霞

周恩来总理是深受亿万人民爱戴的好总理，也是一位外交奇才。在与外国人打交道的过程中，关于他机智对答的故事更是数不胜数。下面的故事就介绍了周总理与美国基辛格博士之间的一段对话，读过之后，相信你一定会为周总理的聪明机智拍案叫绝。

1971 年，基辛格博士来华访问。正式会谈前，基辛格提出了一个要求："尊敬的总理阁下，贵国马王堆一号汉墓的发掘震惊世界，那具女尸的确是世界上少有的珍宝啊！本人受我国科学界知名人士之托，想用一种地球上没有的物质来换取一些女尸周围的木炭，不知贵国愿意否？"

周恩来不动声色地问："国务卿阁下，不知贵国用什么来交换？"

基辛格说："我国宇航员从月球上带回的泥土。这应该是地球上没有的东西吧！"

周恩来哈哈一笑说："我当是什么，原来是我们祖宗脚下的东西。"

基辛格一惊，脱口而出："怎么，你们早有人上了月球？什么时候？为什么没公布？"周总理笑了笑，指着茶几上的一尊嫦娥奔月的牙雕认真地说："我们怎么没公布？喏，早在五千年前，我们就有位嫦娥飞上了月亮，在月亮上建起了广寒宫住下来。怎么，我们妇孺皆知的，你这个中国通还不知道？"

读后
想一想

1. 基辛格博士提出了一个怎样的要求？
2. 从哪里看出周总理回答得巧妙？
3. 你觉得作为一名国家领导人的周总理是一个怎样的人？

我的邻居吴冠中

阎 纲

作为一位知名的大画家，生活中的吴冠中先生却低调、朴素得令人咋舌。下面这篇文章，就站在一位邻居的角度，展现出了一位大画家不为人知的一面。希望大家读过他的故事，能受到一些启发。

九旬高龄的吴老，和我同住京南方庄小区古园一区，塔楼南北毗邻。老人喜欢方庄，说这里有人，旁边就是体育公园。我常常在公园遇到他们老两口，他搀扶着她，缓缓地，一步一步。

先前见他在马路边的小摊上理发，轻风拂面，也将头发渣舞向空中；后来，在理发店和他擦肩而过。这个"福云理发店"，四人座，老人优惠，原来三元，现在五元。我去理发时，老板娘总会提到吴老，因为他是那里的常客。

邻居们都知道这个很不起眼的小老头是个大画家，却不知道他的作品被拍卖过成百上千次，万贯家产了吧，却"穷"得布衣素食。老头偊，价值几百万、几千万的传世名画一捐就是上百幅，消费却极其平民化。当理发店的老板娘得知这个老头的画卖到十几亿人民币的时候，她惊呆了，明白老人来小店理发绝非是为了省钱图便宜。我问过吴老："有消息称，你的一幅画又拍了四千多万元，创下新的纪录……"他不动声色，然后说了句："这都与我无关。"

吴老脑勤而心静，不大愿意接待访客，大家知趣，尽量不去打扰他。一次，约好去他家说事，踏进家门后我大吃一惊。他的住房同我家一样大小，都是一百零八平方米，但他不肯装修，依旧是洋灰地板、生铁铸造的窗框窗格子，一应的原生态，书房之小，堪比斗室，哎呀，太委屈一个大画家。然而，他已经习惯了。他的画作就是从这间普普通通的住房走出，进入国际画廊的。

吴老经常在我们楼下买天津煎饼，有时是保姆给他买。近年来，他不吃了，卖煎饼的安徽妇女对我说："老头想吃，可是咬不动了。"还说："老头人好，没有一点架子。有一年，他送我一本挂历，说上面有他的画，他是个大画家。"她还看见他亲自抱着字画从她身边走过，问他怎么自己抱着，他说抱得动的，没关系，到马路边等车去。更令人吃惊的是，吴老大清早买煎饼吃过后，同夫人坐在楼下草坪边的洋灰台上，打开包，取出精致的印章，有好几枚，磨呀磨，老两口一起磨。卖煎饼的妇女走过去问他："你这是做什么？"他说："把我的名字磨掉。""这么好的东西你磨它……"他说："不画了，用不着了，谁也别想拿去乱盖。"多么贵重的物件啊！为防范赝品，吴冠中破釜沉舟。

多次晤谈之后，我对吴老的文学观略有所悟，就是借文字表现感情的内涵。吴老说："我本不想学丹青，一心想学鲁迅，这是我一生的心愿。固然，形象能够表现内涵，但文字表现得更生动，以文字抒难抒之情，是艺术的灵魂。愈到晚年，我愈感到技术并不重要，重要的是内涵，是数千年千姿百态的坎坷生命，是令子孙后代肃然起敬的民族壮景。所以，我敢狂妄地说：'一百个齐白石抵不过一个鲁迅。少一个鲁迅中国的脊梁骨会软很多，少一个画家则不然。'"吴冠中加重语气说："我的一切都在作品中，我坚信，离世之后，我散文的读者要超过我绘画的赏者。"

读后
想一想

　1. 从"他不动声色，然后说了句：'这都与我无关。'"看出吴老是一个怎样的人？
　2. 从哪里看出吴老生活很简朴？
　3. 读读最后一段，画出你认为意义深刻的句子。

种金子

艾克拜尔·吾拉木

你知道阿凡提吗？知道哪些关于他的故事吗？阿凡提作为我国新疆维吾尔族独具特点的童话形象，早就成为善良、智慧的化身。下面这个故事就讲了他为国王种金子的故事，读过之后，相信你一定会佩服他的聪明过人之处。

一天，阿凡提在郊外开垦荒地，狩猎归来的国王问他："阿凡提，你在这儿干什么？"

"陛下，我在种金子！"阿凡提回答道。

"金子也能种吗？"国王问。

"当然能种，不然你金库里的金子从哪儿来？"阿凡提说。

国王虽然不太相信，但是为了证实阿凡提说的真与假，便掏出两枚金币对阿凡提说："请把这个也一起种上，待收获时我们平分。"

"是，陛下，"阿凡提接过两枚金币说，"今天是星期四，经我精心护理一个礼拜后，到了下一个至高无上的主麻日，我肯定把收获的金子送到您的王宫。"

国王似乎相信了阿凡提的话，便打道回府。等到了主麻日，阿凡提果真来到王宫，对国王说："尊敬的国王陛下，我们的金子喜获丰收，两枚金币长出了二十枚金币，我留下十枚，给您送来了十枚。"阿凡提说着，把十枚金币恭恭敬敬地送到国王手里。

国王高兴地接过十枚金币，然后又取出四十枚金币加在一起交给阿凡提说："阿凡提，把这五十枚金币也拿去，把它们也种上，待下一个主麻日我们再平分秋色。"过了一个礼拜，阿凡提却空着手来到王宫对国王说："尊敬的国王陛下，这一次我们的运气太糟了，整整一个礼拜滴雨未下，您的五十枚金币加上我的二十枚金币，共七十枚金币的金种，全部活活旱死了。"

"一派胡言，金子还能旱死吗?"国王大怒道。

"陛下，您的理智是否正常?您既然相信金子能种，为什么不相信金子能旱死呢?"阿凡提说完，扬长而去。

1. 阿凡提真把那么多金子给国王，到底想干什么呢?
2. 读了这个故事，你觉得阿凡提是一个怎样的人?
3. 请你再读读阿凡提的其他故事。

小·树林与火

【俄罗斯】伊万·安德列耶维奇·克雷洛夫

> 本文节选自《克雷洛夫寓言》。克雷洛夫的寓言都以诗体写成，语言优美、寓意深刻，常借动物和植物的形象，反映广泛的社会生活，刻画社会上各种人物的复杂性格，抒发自己的民主思想，具有一种特殊的感染力。

选择朋友应该谨慎。凡是用友谊来掩饰私利的人，他只会给你设下陷阱。为了使人们更懂得这个道理，我讲一则寓言给你听听。

冬天，一点星火在小树林边微微地燃烧着。很显然，这点儿火苗已经被过路人忘了，它渐渐地微弱下来。旁边没有新的柴薪，火苗快要烧不成了，它看见自己快要完了，就对小树林说道："请问，亲爱的小树林！命运之神怎么对你这样残酷哇，你身上已经一叶不留，光着身子不会冻死吗？"

"因为我完全埋在雪里，冬天我不能透青发绿，也不能开花。"小树林回答说。

"小事情，"火对小树林继续说，"只要你跟我交上朋友，我会帮助你的。我是太阳的弟弟，在冬天，我的神通并不小于它呀！你到暖房里去问问，我火是怎样的。冬天周围盖满白雪，外面刮着暴风雪，暖房里照样一片青翠，开着花儿，大家老是在感谢着我。虽

69

说，自吹自擂是不适宜的，况且我向来就不喜欢夸口吹大牛，可对于太阳，我的力量决不会小于它，尽管它在这儿傲慢地发着光，可是等到下山，它对雪还是一无损害。但是你瞧，雪只要一靠近我，它马上就会融化。如果你希望在冬天，也像在春天、夏天一样透青发绿，那么，请你给我一块小小的地方！"

事情就这样谈妥了。星星的火苗延伸到小树林，就成了团火。这团火立刻蔓延开来，迅速蹿上大小桠枝，一团团乌黑的浓烟冲上云霄。猛烈的火一下把小树林团团围住，最后把小树林烧个精光。从前过路人歇凉的地方，只剩下烧焦的树桩。

这是没有什么奇怪的，树木怎么可以跟火交朋友呢？

读后
想一想

1. 火会怎样帮助小树林呢？
2. 火苗终于惹出了怎样的祸？
3. 树木究竟错在哪里呢？

苦儿流浪记

【法国】埃克多·马洛

雷米是一个弃儿，从小由一个农户的妻子抚养。他八岁那年，养父受伤残疾，失去了工作。凶恶的养父把他卖给一个流浪的卖艺人。从此他和卖艺人带了几只小动物到处流浪。他遇到许多困难，毫不灰心，最后找到了生身的母亲。

我们在凄凉的荒野里走了很久：经过的不是荒地，就是荆棘地。

我还是第一次一口气走这样长的路，中途一点儿没有休息。

我的师父跨着均匀的大步向前走着，有时候把小宝贝扛在肩膀上，有时候把它放在他的背包上。几只狗绕着他，快步地走着，不离开他的左右。维达里不时地向它们说一两句亲切的话。有时讲的是法国话，有时讲的是意大利话。

师父也好，几只狗也好，好像都没有想到疲劳。但是我却不是这样子。我力气都用完了。我一步一步地拖着前进，用了好大的劲，还简直没法跟上我的师父。

"你穿了木鞋走路所以感到累，"他对我说，"到了于赛尔，我买一双皮鞋给你。"皮鞋！我真太高兴了。是的，我的师父的确不是一个凶恶的人。于赛尔还有那么远，真是气人！虽然走完了五十多里路我就可以得到皮鞋，我却好像不能再走这样远的路了。

幸好老天帮了我的忙。我们动身的时候天是碧蓝的，现在慢慢地乌云多起来了，没有一会儿工夫，下起了细雨，一直下个不停。

维达里穿了羊皮背心，雨倒淋不湿他，他还可以把小宝贝裹在背心里躲雨。小宝贝一看见雨落下来，早就赶快钻到了师父的袖子里去了。可是几只狗和我没有一点儿东西遮盖，不久我们身上就都淋湿了。

"我不愿意无缘无故地让你淋雨，把身体淋坏。"维达里说，"那边有一个村子，我们上那儿去过一夜吧。"但是这个村子没有旅馆，他带着的一个小孩和三条狗一个个满身全是污泥，没有一个人愿意接待像这样一个讨饭样子的人。"这里不能住人。"每个人都对我们这样说。最后，有一个农人比他的邻人心肠好，他愿意打开他的粮仓的门，让给我们住。于是我们总算不用在露天过夜了。

维达里是一个很周到的人，他每次出门随身总带着吃的东西。他从他的背包里拿出了一个大面包，把它分成四份。

我在巴贝兰大妈身边过的最后几个月里面，并没有受到什么宠爱，然而眼前发生的变化却使我感到难受。啊，巴贝兰大妈煮的热汤多好吃哟！壁炉里的火使人多么舒服哟！我是怎样钻进被窝，把它拉得高高的，蒙住半张脸的哟！但是，唉，现在垫的盖的都没有了，我们能够睡在用羊齿叶铺的床上应当说是非常幸运了。我累得要命，脚也给木鞋子擦破了。穿了一身湿衣服，我冻得直发抖。往后每天都是这个样子吗？在雨里不停地走，睡在粮仓里，冻得发抖，只吃一块干面包当晚饭，没有一个人怜惜我，没有一个人爱我，并且再也看不见巴贝兰大妈了。

我难受地想着，心里很忧伤，眼睛里充满了泪水。这时候我忽然感到有一股热气喷到我的脸上。我伸出手，摸到了卡比的像羊毛似的毛。

它在羊齿叶上很小心地走，轻轻地走到我的身边。它嗅着我，轻声地吸气。它来干什么呢？它紧挨着我躺下，开始温柔地舔我的手。它对我这种亲热的表示，使我万分感动。我稍稍坐起来，吻了吻它的冰冷的鼻子。

它低声叫了一声，然后，迅速地把前脚放在我的手上，不再动了。这时候，我忘记了疲劳和悲伤，我塞住的喉咙变得爽快了。我不再是孤零零的一个人，我有了一个朋友。

第二天我们一早又上路了。雨停了，天空是一片蓝色，靠了黑夜刮的猛烈的风，路都吹干了。鸟儿愉快地歌唱着，几只狗在我们前后高兴地跳来跳去。卡比不时地用后脚站起来，对着我叫两三声。在它和我当中，语言一点用处也没有，从第一天起，我们就立刻彼此了解了。

我急着要看到一座城市，不过于赛尔却一点也没有使我觉得有什么了不起。说实在的，我要找的不是美丽的风光，只是一家鞋店。

（本文为节选）

读后
想一想

1. 从哪里看出维达里是一个很周到的人？
2. 和今天我们的生活相比，文中流浪的孩子过着怎样的生活？从文章哪些地方可以看出来？
3. 展开想象，流浪的孩子未来的生活会发生怎样的变化？

第三单元

金色秋天

zhú lǐ guǎn
竹里馆

【唐】王维

dú zuò yōu huáng lǐ　　tán qín fù cháng xiào
独 坐 幽 篁 里， 弹 琴 复 长 啸。

shēn lín rén bù zhī　　míng yuè lái xiāng zhào
深 林 人 不 知， 明 月 来 相 照。

【释义】月夜，独坐在幽深的竹林里；时而弹弹琴，时而吹吹口哨。竹林里僻静幽深，无人相伴；唯有明月似解人意，偏来相照。

【诵读指导】请读出作者对月夜弹琴、吹口哨时的悠闲、惬意。

cūn wǎn
村 晚

【宋】雷震

cǎo mǎn chí táng shuǐ mǎn bēi
草 满 池 塘 水 满 陂，

shān xián luò rì jìn hán yī
山 衔 落 日 浸 寒 漪。

mù tóng guī qù héng niú bèi
牧 童 归 去 横 牛 背，

duǎn dí wú qiāng xìn kǒu chuī
短 笛 无 腔 信 口 吹。

【释义】这是一首描写农村晚景的诗。四周长满青草的池塘里，池水灌得满满的，太阳正要落山，红红的火球好像被山口咬住一样，倒映在冰凉的池水波纹中。放牛回家的孩子横坐在牛背，用短笛随便地吹奏着不成调的曲子。

【诵读指导】这首诗描绘了一幅悠然超凡世外桃源般的画面，要读出一种恬静、悠远的美好感觉。

dì zǐ guī
弟子规

xiōng dào yǒu	dì dào gōng	xiōng dì mù	xiào zài zhōng
兄 道 友	弟 道 恭	兄 弟 睦	孝 在 中
cái wù qīng	yuàn hé shēng	yán yǔ rěn	fèn zì mǐn
财 物 轻	怨 何 生	言 语 忍	忿 自 泯
huò yǐn shí	huò zuò zǒu	zhǎng zhě xiān	yòu zhě hòu
或 饮 食	或 坐 走	长 者 先	幼 者 后
zhǎng hū rén	jí dài jiào	rén bú zài	jǐ jí dào
长 呼 人	即 代 叫	人 不 在	己 即 到

【**释义**】兄长要友爱弟妹，弟妹要恭敬兄长；兄弟姊妹能和睦相处，父母欢喜，孝道就在其中了。轻财重义，怨恨就无从生起；言语上包容忍让，忿怒自然消失。饮食用餐，就座行走，长者优先，幼者在后。长辈呼唤别人，应代为传唤和转告；如果那个人不在，前去转告。

秋天的信

林武宪

你写过信吗？你给秋天写过信吗？怎样给秋天写信呢？读了林武宪的《秋天的信》，一定会让你恍然大悟。这首小诗用大胆的想象，编织了一幅美丽的秋景图，细细读来，不禁令人浮起联翩。

秋天，要给大家写信

用叶子做信纸

请风当邮差

偷懒的邮差

每到一个地方

就把信一抛

有的信，落在松鼠头上

有的信，掉在青蛙身旁

赶路的雁，也衔一张回家

池塘里，草丛中

到处都是秋天的信

小动物们这才忙着过冬

读后
想一想

1. 诗人把叶子比作偷懒的邮差，真有意思啊！我还能找到这样的句子。

2. 我想把这首诗歌读给爸爸妈妈听。

77

团泊洼的秋天

郭小川

> 　　蝉声消退，蛙声停息，秋风送爽，大雁南去……当你面对着这样一幅幅迷人的画面时，心情又是如何呢？快来读一读郭小川的《团泊洼的秋天》吧，它会让你感到深深的秋意。

秋风像一把柔韧的梳子，梳理着静静的团泊洼；
秋光如同发亮的汗珠，飘飘扬扬地在平滩上挥洒。

高粱好似一队队的"红领巾"，悄悄地把周围的道路观察；
向日葵摇头微笑着，望不尽太阳起处的红色天涯。

矮小而年高的垂柳，用苍绿的叶子抚摸着快熟的庄稼；
密集的芦苇，细心地护卫着脚下偷偷开放的野花。

蝉声消退了，多嘴的麻雀已不在房顶上吱喳；
蛙声停息了，野性的独流减河也不再喧哗。

大雁即将南去，水上默默浮动着白净的野鸭；
秋凉刚刚在这里落脚，暑热还藏在好客的人家。

秋天的团泊洼啊，好像在香甜的梦中睡傻；
团泊洼的秋天啊，犹如少女一般羞羞答答。

读后
想一想

1. 诗人把秋风比作了什么？
2. 团泊洼的秋天可真美啊！我想把诗歌的情境画下来。

78

北大荒的秋天

秋日的北大荒，天空一碧如洗，小河清澈见底，原野热闹非凡，处处洋溢着丰收的愉悦。读读下面的文章，你一定会感受到北大荒秋日的美丽，内心不禁也会随之充满一片欢欣……

九月，从第一片树叶落地开始，北大荒的秋天也就来了。

天空一碧如洗，只有在傍晚，西边的天上才会有几缕流云。这些流云在落日的映照下，转眼间变成一道银灰、一道橘黄、一道血红、一道绛紫，就像是美丽的仙女在空中抖动着五彩斑斓的锦缎。

小河清澈见底，如同一条透明的蓝绸子，静静地躺在大地的怀抱里。一群小鱼顶着水游过来，明镜一样的水面顿时漾起了一道道波纹。

原野热闹非凡。成片的大豆摇动着豆荚，发出哗啦啦的笑声；挺拔的高粱扬起黑红黑红的脸庞，像是在乐呵呵地演唱。山坡上，大路边，村子口，榛树叶子全都红了，红得像一团团火，把人们的心也给燃烧起来了。

生活在这里的人，喜欢用"大豆摇铃千里金"来赞美遍地金黄的九月。这里的田野、山岭、江河，连同那茫茫的草甸子，都会在这个季节里用双手捧出沉甸甸的宝物来。

啊，北大荒的秋天真美呀！

读后想一想

1. 作者写流云都提到了哪些颜色？
2. 作者把秋天的原野都写活了！请把这样的句子画下来吧。

秋天的怀念

史铁生

瘫痪的双腿，暴怒的心情，危重的母亲，淡雅的菊花……在读过当代著名作家史铁生的《秋天的怀念》后，这些情景也许会永远定格在你的心间。这是一篇歌颂母亲、缅怀母亲的经典文章，它会让你怀着忧伤和遗憾的心情，感受到一份深沉的母爱。

双腿瘫痪以后，我的脾气变得暴怒无常。望着望着天上北归的雁阵，我会突然把面前的玻璃砸碎；听着听着李谷一甜美的歌声，我会猛地把手边的东西摔向四周的墙壁。这时母亲就悄悄躲出去，在看不见的地方偷偷听着我的动静。当一切恢复沉寂，她又悄悄地进来，眼圈红红的，看着我。

"听说北海的花儿都开了，我推着你走走。"她总是这么说，母亲喜欢花。可自从我腿瘫痪后，她侍弄的那些花都死了。

"不，我不去！"我狠命地捶打这两条可怕的腿，喊着，"我活着有什么劲！"

母亲扑过来抓住我的手，忍住哭声说："咱娘儿俩在一起，好好活，好好活……"

可我一直都不知道，她的病已经到了那步田地。后来妹妹告诉我，她常常肝痛得整宿整宿翻来覆去地睡不着。

那天我又独自坐在屋里，看着窗外的树叶"唰唰啦啦"地飘落。

母亲进来了，挡住窗前："北海的菊花开了，我推你去看看

80

吧。"她憔悴的脸上现出央求般的神色。

"什么时候?"

"你要是愿意,就明天?"她说,我的回答已经让她喜出望外了。

"好吧,就明天。"我说。

她高兴得一会儿坐下,一会儿站起:"那就赶紧准备准备。"

"唉呀,烦不烦?几步路,有什么好准备的!"

她也笑了,坐在我身边,絮絮叨叨地说着:"看完菊花,咱们就去'仿膳',你小时候最爱吃那儿的豌豆黄儿。还记得那回我带你去北海吗?你偏说那杨花是毛毛虫,跑着,一脚踩扁一个……"她忽然不说了,对于"跑"和"踩"一类字眼,她比我还敏感。她又悄悄地出去了。

她出去了,就再也没有回来。邻居们把她抬上车时,她还大口大口地吐着鲜血。我没有想到她已病成那样,看着三轮车远去,也绝没想到那竟是诀别。

邻居的小伙子背着我去看她的时候,她正艰难地呼吸着,像她那一生艰苦的生活。别人告诉我,她昏迷前最后一句话是:"我那个有病的儿子和那个未成年的女儿……"

又是秋天,妹妹推我去北海看菊花。黄色的花淡雅,白色的花高洁,紫红色的花热烈而深沉,泼泼洒洒,秋风中花开得正烂漫。我懂得母亲没有说完的话,妹妹也懂,我们在一块儿,要好好活……

读后
想一想

1. 从哪儿看出"我"的脾气暴怒无常?
2. 从哪些地方看出母亲的病情也很重?
3. 母亲昏迷前还想着儿子,真让人感动!我要把这篇文章好好读一读。

窗边的小·豆豆

【日本】黑柳彻子

《窗边的小豆豆》是日本作家黑柳彻子的代表作，讲述了作者上小学时的一段真实的故事：小豆豆因淘气被原学校退学后，来到巴学园。小林校长却常常对小豆豆说："你真是一个好孩子呀！"在小林校长的爱护和引导下，一般人眼里"怪怪"的小豆豆逐渐变成了一个大家都能接受的孩子。巴学园里亲切、随和的教学方式使这里的孩子们度过了人生最美好的时光。

校长对大家说：

"要是晚上到九品佛寺院里进行'试胆量'游戏，哪位同学愿意当鬼呀？请举手！"

于是立刻就有六七个男孩争着要当鬼。当天傍晚，大家都在学校里集合以后，那些装鬼的小朋友带上按照各自想象亲手做成的鬼衣服到九品佛寺院里藏起来了。临走时口里还嚷着：

"你们等着挨吓吧……"

剩下来的三十几名同学，便每五人分成一组，各组稍错开点时间，陆续从学校出发，到九品佛寺院和墓地里转一圈，然后再回到学校来。这样做的目的，借用校长的解释就是：

"这次'试胆量'游戏，就是看你们胆大到什么程度。如果谁半路上害怕了，尽可以回来，没关系的。"

豆豆向妈妈借来了手电筒。妈妈嘱咐说："可不要弄丢了呀!"男孩子里,有的说"要把鬼抓住",因而带了捉蝴蝶的网;也有的说"要把鬼绑起来",因而带了绳子来。

校长一边说明情况,一边让同学们用猜拳决定了每个小组的出发顺序。就在这会儿工夫里,天更黑了,校长终于向第一小组发出了命令:"你们可以出发了!"

大家都很兴奋,喊喊喳喳地走出了校门。又过了一会儿,好不容易才轮到了豆豆他们那个小组。

同学们心里都在嘀咕:

"虽然老师说过,不到九品佛寺院里鬼是不会出来的,但那鬼可千万不要在半路上出现呀……"

他们哆哆嗦嗦地一步挨一步地走着,好不容易蹭到了能看见哼哈二将的寺院门口。尽管天上有月亮,夜幕下的寺院看上去还是一团漆黑。平时这院子显得很宽敞,而且令人心情舒畅,可今天却大不一样了,一想到不知从什么地方就会跑出鬼来,豆豆他们早已吓得不知所措了,所以,稍微有点风吹草动,他们就"哎呀"一声大喊起来。脚下一踩上什么软绵绵的东西,马上就嚷:"鬼来啦!"到最后,甚至害怕得连手拉手的伙伴也怀疑成"该不是鬼吧"?豆豆决定不到坟地去。她在心里盘算着,那鬼保准正在墓地等着呢,再加上已经彻底弄清"试胆量是怎么回事"了,所以还是回去为妙。刚好全组同学也都是这么想的,豆豆暗自庆幸:"太好了,原来不止我一个人呀!"回去的路上,大家早已耐不住了,一溜烟地撒腿跑了起来。

回到学校一看,前面的几组也都回来了。大家这才明白,因为害怕,几乎都没有到坟地去。

过了一会儿,一个头上缠着白布的男孩被一位老师从门外领进来了,嘴里还"呜呜"地哭着。这个男孩是装鬼的,一直蹲在坟地里等着大家，可是等了好半天也没见一个人影，他自己却渐渐地害怕起来，终于从坟地里跑出来，站在路上哭了起来。正在这时候，被巡回检查的老师发现了，才把他带了回来。正当大家安慰这个男孩的时候，又有一个"鬼"和一个男孩哭着回来了。原来是装鬼的这个男孩看到有人走入坟地，正想跳出去叫一声："我是鬼！"结果却刚好和跑进来的那个孩子撞了个满怀，两个人都吓了一大跳，再加上撞得很疼，就"呜呜"地哭着一起跑回来了。大家都觉得这事怪有意思的，同时又因为恐惧心理已一扫而光，便哈哈地笑了起来。连"鬼"也破涕为笑了。就在这时，用报纸套在头上装鬼的豆豆同班的右田同学回来了，口里还在抱怨大家：

"太不像话啦！我还一直在等你们哪！"

说完，便咯吱咯吱地挠起了被蚊子叮得发痒的胳膊和大腿。

看到这情景，不知谁说了一句：

"鬼还怕蚊子咬呢！"

听到这句话，大家哄地笑开了。五年级班主任丸山老师说：

"好了，我干脆把剩下的'鬼'都带回来吧！"

丸山老师说着就出去了。不一会儿工夫，就把那些"鬼"全都带回来了，他们有的正惴惴不安地在路灯下东张西望，有的由于害怕已经跑回家去了。

从这天夜里以后，巴学园的学生们再也不怕鬼了。

因为大家都知道了：那鬼自己也吓得胆战心惊呢！

（本文为节选）

读后
想一想

1. 老师准备怎样试一试同学们的胆量？
2. 你喜欢这个试胆量的活动吗？为什么？
3. 读了这个故事，你明白了什么道理？

kè zhōng xíng
客 中 行

【唐】李白

lán líng měi jiǔ yù jīn xiāng
兰 陵 美 酒 郁 金 香，

yù wǎn chéng lái hǔ pò guāng
玉 碗 盛 来 琥 珀 光。

dàn shǐ zhǔ rén néng zuì kè
但 使 主 人 能 醉 客，

bú zhī hé chù shì tā xiāng
不 知 何 处 是 他 乡。

【释义】兰陵出产的美酒，透着醇浓的郁金（一种香草，用以浸酒，浸后酒色金黄）的芬芳，盛在玉碗里看上去犹如琥珀般晶莹。只要主人同我一道尽兴畅饮，一醉方休，我管它这里是故乡还是异乡呢！

【诵读指导】注意读出诗人身虽为客，却乐而不觉身在他乡的乐观情感。

guī yàn
归雁

【唐】钱起

xiāo xiāng hé shì děng xián huí
潇 湘 何 事 等 闲 回，

shuǐ bì shā míng liǎng àn tái
水 碧 沙 明 两 岸 苔。

èr shí wǔ xián tán yè yuè
二 十 五 弦 弹 夜 月，

bú shèng qīng yuàn què fēi lái
不 胜 清 怨 却 飞 来。

【释义】 潇水、湘水那样美丽的地方你不待，为什么要轻易从那儿回来呢？那里有澄澈碧绿的水、明净的沙石，岸边还有青苔可以供你觅食，你何故不肯待了呢？大雁答道：湘灵之神在月夜弹的瑟曲调太伤感了，我忍受不了那悲怨欲绝的曲调，不得不离开潇湘飞回到北方来。

【诵读指导】 诗人借写充满客愁的旅雁，表达了一位游子的思乡之情。

dì zǐ guī
弟子规

chēng zūn zhǎng 称 尊 长	wù hū míng 勿 呼 名	duì zūn zhǎng 对 尊 长	wù xiàn néng 勿 现 能
lù yù zhǎng 路 遇 长	jí qū yī 疾 趋 揖	zhǎng wú yán 长 无 言	tuì gōng lì 退 恭 立
qí xià mǎ 骑 下 马	chéng xià chē 乘 下 车	guò yóu dài 过 犹 待	bǎi bù yú 百 步 余
zhǎng zhě lì 长 者 立	yòu wù zuò 幼 勿 坐	zhǎng zhě zuò 长 者 坐	mìng nǎi zuò 命 乃 坐

【释义】 称呼尊者长辈，不可以直呼姓名；在尊长面前，谦虚有礼，不可炫耀自己的才能；路上遇见长辈，应恭敬问好；长辈没有说话时，应退后恭敬站立一旁，等待长辈离去；骑马或乘车，遇见长辈，应下马或下车问候；等待长者离开百步之远，方可续行；长辈站立时，晚辈不可先行就座；长辈坐定以后，吩咐坐下才可以坐。

南飞雁

佟希仁

每当秋末，仰望着一队队雁群从天空掠过，发出哭泣般的鸣叫时，有一个人，他的心中也常常随之一阵抽搐，想起童年时由于无知而造成的过错，就要潸然泪下……读一读这篇《南飞雁》，你一定会明白很多道理。

　　每当我举头望着天空中飞过一排排大雁，就立刻勾起我一段难忘的往事。

　　那还是很久以前，我在农村念小学时候的事情。一个深秋的季节，初霜早已把漫山的枫叶染成了一堆堆燃烧的篝火。远山茂密的落叶松林和近处斑驳的草丛，也由翠绿变成了淡黄。这时，地里的庄稼大多已割倒拉走。整个田野像个慷慨无私的流浪汉，热情解囊把东西拱手送给别人，现在已两手空空了。残留在地里的枯枝败叶，在秋风的嬉戏下摇摆着、飞舞着。

　　天空中时有一排排南归的大雁鸣叫着，声音中含有几分悲凉哀怨，也有几分痛苦和酸楚。好似性情急躁的寒潮抢先跨过了门槛，弄得它们一个个措手不及，但又不得不在慌忙中踏上南飞的旅程。

　　那天傍晚，我和几个小伙伴，在水田边拾了一气儿稻穗儿，然后又跑到河套边捉起了泥鳅。直到村里的炊烟向我们招手呼唤时，才想起了回家。伙伴们比我先走了几步，我刚想朝他们喊："等我

87

一会儿——"忽听河滩的草丛里传来"嘎嘎"的叫声。我顿时一激灵，停住了脚步。悄悄拨开草丛一看，原来是一只大雁躺在地上。看那样子是受伤了，翅膀上还沾着斑斑血迹。当时我兴奋极了，连忙上前把它抱在怀里。受伤的大雁挣扎了几下，哀叫了几声，后来知道挣脱不了，就不再枉费心机了。

小伙伴们听到消息后，一个个都惊喜地跑过来观看。大家都很兴奋，欢喜雀跃之后，就争论起饲养它的各种美妙的设想。

此时，山后的夕阳早就收起它那华丽的纱幔。当我们踏上回村的路时，我无意中猛然回头，在河滩的草丛里又发现一只大雁向我们翘首探望。它眼望着被我们擒走的同伴，失声地哀鸣着。那声音悲凉凄凄，使人感到就像一对亲人生离死别般的心酸。当时万没想到，由于我一时的儿戏，竟将它们活活拆散，以致在我内心深处造成了几十年后也无法弥补的缺憾。

小胖墩儿见这情景顺手拾起一块石头，朝那河滩"嗖"地撇了过去。可是那孤雁高低不想离去，仍然举目望着，望着。直到我们的身影消失在暮色中，它才披着如血的余辉，展起褐色的翅膀哀鸣着，向着远处的山谷飞去了……

回到家，我给受伤的大雁做了认真包扎。第二天怕它跑，就放在一个木笼子里。给它端来了米饭，半个香喷喷的饽饽，还有可口的菜汤。可是它就是不吃不喝。它望着周围一双双陌生的眼睛，心里好似充满了恐惧和惊慌。是不是怕见人不敢开口，或者喜欢吃生米而不爱吃熟食？我把周围人赶走了，然后又给它撒些苞米粒，它仍不吃，好像发誓要绝食一样。

奶奶说："放了它吧，你们无论怎样热心伺候，它也不会喜欢你们的笼子的！大雁是候鸟，春来秋去喜欢自由，眷恋自己的同伴儿。人都喜欢自由，何况鸟呢。"

叔叔也说："你们养不活，不然就得害死两条性命！"

我不明白他们话的含义，只知道好不容易捉到手，放了实在舍不得。再说，它的伤还没好，也飞不起来呀！

我不相信奶奶和叔叔的话，决心要养活它。白天上学，怕黄狗和家鹅侵害它，我把木笼子上了锁，里面备足了食料和水。晚上放学回来一看，里面的东西仍然没见减少。没过两天，它竟活活饿死了。它的死使我和我的小伙伴儿都十分沮丧。我们将它埋葬在山脚下，还立了一个小小的墓碑。

后来，我割草时，在离河滩不远的山冈上，又发现了一只死去的大雁。这只雁身上没有一点儿伤痕，显然不是被人打死的。若毒药所至为何就一只？奶奶和叔叔都说，这只就是那只受伤雁的伴侣。它准是见自己的同伴儿被人擒走，无法过孤寂的生活，在十分痛苦悲哀的情况下含恨而死的。

听了这话，我心中立刻难过起来。这都是我的过错造成的。一对好端端的情侣，在南飞的途中遭到了不测，我不但没帮它们解除危难，反而将这对情侣活活拆散，难道这不是罪过吗？

后来我上了中学。在上生物课时，老师不止一次地向我们讲述，人类和鸟应该友好相处的道理。并说，大自然中的候鸟有好多这种情形，即雄鸟雌鸟一方被捉，另一方便会忧伤地死去，有的甚至会造成一个家族的死亡。多么动人的故事啊！它们这种相依为命的精神，难道不使我们为之敬佩吗？

从此后，每当秋末，仰望着一队队雁群从天空掠过，发出哭泣般的鸣叫时，我的心中也常常随之一阵抽搐。想起童年时由于无知而造成的过错，就要潸然泪下。

从此后，我每当望着行行的雁队，就情不自禁地停下脚步，举目望着望着，直至它们飞过遥远的天际。心中还一直默念着：飞吧，飞吧，祝你们一路平安！

读后想一想

1. 从哪里看出受伤大雁的可怜？
2. 大雁为什么要绝食，活活把自己饿死呢？
3. 读了这篇文章，你懂得了什么道理？

只有五条横街口的距离

【美国】雷因

下面的文章介绍了一个有趣的小故事，但是又会让你明白——你与你的目标之间，无论有怎样遥远的距离，切不要担心；要把你的精神集中在五条横街口的短短距离，别让遥远的未来使你烦闷。

二十五岁的时候，我失业而面临挨饿。以前在君士坦丁堡、在巴黎、在罗马，都曾尝过贫穷而挨饿的滋味。然而在这个纽约城，处处充溢着富贵气概，尤其使我觉得失业的可耻。

我不知道该怎么办，因为我能胜任的工作非常有限。我能写文章，但不会用英文写作。白天就在马路上东奔西走，目的倒不是为了锻炼身体，因为这是躲避房东的最好办法。

一天，我在42号街碰见一位金发碧眼的高大个子，立刻认出他是俄国的名歌唱家夏里宾先生。记得我小时候，常常在莫斯科帝国剧院的门口，排在观众的行列中间，等待好久之后，方能购到一张票子，去欣赏这位先生的艺术。后来我在巴黎当新闻记者，曾经去访问过他。我以为他是不会认识我的，然而他却还记得我的名字。

"很忙吧？"他问我。我含糊回答了他，我想他已一眼明白了我的境遇。"我的旅馆在第103号街，百老汇路转角，跟我一同走过去，好不好？"他问我。

走过去？其时是中午，我已经走了5小时的马路了。

"但是，夏里宾先生，还要走60条横马路口，路不近呢。"

"胡说，"他岔着说，"只有五条马路口。"

"五条马路口？"我觉得很诧异。

"是的，"他说，"但我不是说到我的旅馆，而是到第6号街的一家射击游艺场。"

这有些答非所问，但我却顺从地跟着他走。一下子就到了射击游艺场的门口，看着两名水兵，好几次都打不中目标。然后我们继续前进。"现在，"夏里宾说，"只有11条横马路了。"我摇摇头。

不多一会儿，走到卡纳奇大戏院，夏里宾说，他要看看那些购买戏票子的观众究竟是什么样子。几分钟之后，我们重又前进。

"现在，"夏里宾愉快地说，"离中央公园的运动园只有5条横马路口了。里面有一只猩猩，它的脸很像我所认识的唱次中音的朋友。我们去瞻仰那只猩猩。"

又走了12条横路口，已经来到百老汇路，我们在一家小吃店前面停了下来。橱窗里放着一坛咸萝卜。夏里宾奉医生之嘱不能吃咸菜，于是他只能隔窗望望。"这东西不坏呢，"他说，"使我想起了我的青年时期。"

我走了许多路，原该精疲力尽了，可是奇怪得很，今天反而比往常好些。这样忽断忽续地走着，走到夏里宾旅馆的时候，他满意地笑着："并不太远吧？现在让我们来吃中饭。"

在那席满意的午餐之前，我的主角解释给我听，为什么要走这许多路的理由。"今天的走路，你可以常常记在心里。"这位大音乐家庄严地说，"这是生活艺术的一个教训：你与你的目标之间，无论有怎样遥远的距离，切不要担心；把你的精神集中在五条横街口的短短距离，别让遥远的未来使你烦闷。常常注意于未来24小时内使你觉得有趣的小玩意。"

屈指到今，已经19年了，夏里宾也已长辞人世。在值得纪念的那一天我们所走的马路，大都已改变了样子。可是一直到现在，夏里宾的实用哲学，有好多次解决了我的困难。……

读后
想一想

1. 明明是60条横马路口，为什么夏立宾却说5条呢？
2. "把你的精神集中在五条横街口的短短距离，别让遥远的未来使你烦闷。常常注意于未来24小时内使你觉得有趣的小玩意。"你怎么理解这几句话的含义。
3. 读了这个故事，你获得了怎样的生活启示？

木偶奇遇记

【意大利】科洛迪

小木偶要成为真正的男孩，他必须通过勇气、忠心以及诚实的考验。在历险中，他因贪玩而逃学，因贪心而受骗，还因此变成了驴子。最后，他掉进一只大鲸鱼的腹中，意外与皮帕诺相逢……经过这次历险，匹诺曹终于长大了，他变得诚实、勤劳、善良，成为了一个真真正正的男孩。

木偶肚子不饿了，马上就叽哩咕噜，哇哇大哭，吵着要一双新的脚。

可皮帕诺因为他搞恶作剧，想罚罚他，就让他哇哇哭，让他绝望了整整半天才说："凭什么我要给你再做一双脚呢？是为了眼巴巴看着你再从家里溜出去吗？"

"我向您保证，"木偶哭着说，"从今以后我一定做个好孩子……"

"所有的孩子想讨点儿什么的时候，"皮帕诺回答，"都是这样说的。"

"我向您保证，我要去上学读书，叫人看得起……"

"所有的孩子想讨点儿什么的时候，都来这一套。"

"可我跟别的孩子不同！我比所有的孩子好，我一直说真话。爸爸，我向您保证，我要学会一种本领，等您老了，我安慰您，养您。"

皮帕诺虽然装出一副凶相，可看着他那可怜的匹诺曹这么受罪，噙着眼泪，心里满是爱。他不再说什么话，拿起工具和两块干木头，麻利地干起活来了。

一个钟头不到，两只脚已经做好。这两只小脚轻巧、干燥、灵活，真像一位天才雕刻家做出来的。

皮帕诺对木偶说："闭上眼睛睡一觉吧！"

木偶闭上眼睛假装睡觉。皮帕诺用鸡蛋壳装了点溶化了的胶，把两只脚给他粘上，粘得天衣无缝，一点儿看不出粘过的样子。

木偶看见自己有了脚，就不再直挺挺地躺着了，他从桌子上翻下来，跳了上千次，翻了上千个跟头，简直乐疯了。

"为了报答您给我做的一切，"匹诺曹对他爸爸说，"我要马上去上学。"

"好样儿的，孩子！"

"可是去上学得有点儿东西穿。"

皮帕诺很穷，口袋里连一个子儿也没有，于是用花纸给他做了一套衣服，用树皮给他做了一双鞋，用面包心给他做了一顶小帽子。

匹诺曹马上跑到一盆水那里去照，对自己的模样满意极了，神气地说："我真像一位体面的先生！"

"不错，"皮帕诺回答说，"可是你要记住，使人成为体面先生的不是好衣服，而是干净的衣服。"

"不过，"木偶又说了，"我上学还少一样东西，一样最要紧的东西。"

"什么东西？"

"我还少一本识字课本。"

"你说得对，可怎么弄到它呢？"

"那还不方便，到书店里买就是了。"

"钱呢？"

"我没钱。"

"我也没钱。"好老头说，心里很难过。

匹诺曹尽管是个快活透顶的孩子，可也难过起来了。因为一件真正伤心的事，是人人都会懂得的，连孩子也不例外。

"没法子，只好这么办！"皮帕诺叫了一声，忽然站起来，穿上打满补丁的粗布旧上衣，跑出门去了。

一会儿工夫，他就回来了，手里拿着给他的孩子买的识字课本，可短上衣没有了。这个可怜人只穿着衬衫，外面可是在下雪啊！

"上衣呢，爸爸？"

"我给卖了。"

"为什么卖了？"

"因为我热。"

这句话是什么意思？匹诺曹一下子就明白了，他不由得一阵激动，扑上去抱住皮帕诺的脖子，在他的脸上到处亲吻。

（本文为节选）

> 读后
> 想一想

1. 皮帕诺为了给匹诺曹买识字课本竟然卖了自己的上衣，你看出他是一位怎样的父亲？
2. 请在文章中找出一些表现父爱深情的句子，画下来好好读一读。
3. 你的父亲爱你吗？哪些事让你也感到深深的父爱？

当世界年纪还小·的时候

【瑞士】约克·舒比格

这是一本可以让人读了又读，让人心灵干净，让人做回最真自己的书。它告诉我们天堂是这样一个世界——也就是当她还小的时候的那个世界。但是随着时间的流逝，一切都改变了。

世界伊始，万物都要学习如何生活。

星星们要学着组成各个星座。几颗星在尝试着各种图案，比如一只长颈鹿、一棵棕榈树或是一枝玫瑰。最终，它们组成了著名的大熊星座。另有几颗星想勾勒出个小女孩的模样，它们也成功了，那就是处女座。逐渐，天上陆续出现了很多星座，像牡羊座、天龙座、金牛座、天鹅座……

石头们的生活没有那么复杂，它们生来坚硬沉重，这世界上，是它们首先学会了生存。

太阳认真地用光普照大地，一遍遍地练习日出、日落。除此之外，它任何别的尝试都没有成功。比如，它曾一度想一展歌喉，可这世上万物实在太过脆弱，太过敏感，全被它那洪亮的嗓音吓坏了。

月亮有好一阵子都不知该学些什么。对于是否该发光，它拿不定主意。白天发光，感到有些力不从心。夜晚也许可以一试。它一直犹疑不定，缺乏自信——阴晴圆缺——它终于学会了一手多变的本领。

水要学会流动。万番努力，终于明白了，于水，出路只有一条：往低处流、往低处流、往低处流。

风，一直静静地呆在那里，好似这世上根本没有它。不知哪年哪月，它发现，自己是可以四处飘泊的……

那时，活着，很容易，中规中矩地活着。如火焰与木柴，水里的鱼与天上的鸟，泥土中的树根与空气中的枝叶，各就各位，各守其规，各司其职，活着，很容易。

世界逐渐步入正轨。

雨，只需步出云层，便安然落地。

人，只需睁开双眼，就美景尽收。

……

（本文为节选）

读后
想一想

　1. 星星、石头、太阳、月亮在作者的笔下就像孩子一样可爱！请找出这样的语句，画下来读一读。
　2. 这本书写得可真有意思！我要借来这本书好好读一读。

皮皮鲁传

郑渊洁

本文中的皮皮鲁，学习成绩不好，不是学校老师喜欢的那种乖孩子，但他心地善良、身上有故事。他天真活泼，顽皮又可爱。读了本文，相信你一定会喜欢上这个爱发明创造的小男孩的！

皮皮鲁跟着瓜皮帽叔叔走进体育场，找了个座位坐下来。

运动会开始了。

大会主席宣布："第一届嗑瓜子运动会现在开始！"

"嗑瓜子运动会？"皮皮鲁不相信自己的耳朵。

"是呀，就是嗑瓜子运动会，看谁嗑得快嘛。"瓜皮帽叔叔一边嗑瓜子一边说。

"真好玩！"皮皮鲁来劲儿了。

"运动员入场！"大会主席宣布。

喇叭里传出了"噼哩啪啦"嗑瓜子的声音，这是《嗑瓜子进行曲》。

一队运动员走进了体育场，有大人，有小孩。皮皮鲁一数，女孩子比男孩子多一个。他感到很不公平。

皮皮鲁不顾一切地跑到体育场中央，站在运动员的队列里。

裁判员走过来，说："你来这儿干什么?"

"比赛嗑瓜子呀!"皮皮鲁才不怕他呢。

"你报名了吗?"

"没有。"

"那你不能参加。"

"谁让女孩子比男孩子多呢!"

"那你也不能参加。"

"那我就要参加。"

"你不能参加。"

"我就要参加。"

"你就不能。"裁判员固执地说。

"我就要能。"皮皮鲁平时任性惯了。

裁判员一看说不过皮皮鲁，急得哭了。

"没羞! 没羞!"皮皮鲁使劲地用手指在脸蛋上刮着。

"你叫什么名字?"大会主席走过来问皮皮鲁。

"皮皮鲁。"皮皮鲁大声回答。

"你的名字怎么这样怪呀?"

"我爸爸姓皮，我叔叔也姓皮，我妈妈姓鲁，所以我就叫皮皮鲁。"

"哦，是这样。"大会主席点点头，"好吧，批准你参加比赛。"

皮皮鲁高兴极了，冲着裁判员挤挤眼睛。裁判员一看主席同意
了，只好把眼泪擦干。

"现在宣布比赛规则。"大会主席说，"每个运动员发十万颗瓜子，谁先嗑完，谁就是冠军！"

"预备——嗑！"裁判员喊道。

只听得一阵"噼哩啪啦""噼哩啪啦"，运动员们争分夺秒地嗑着。

皮皮鲁嗑一颗吃一颗，觉得挺好玩儿。可他歪过头一看，好家伙，旁边那个女孩子已经吐了一大堆瓜子皮，自己身边只有一点点。

皮皮鲁急了，说什么也不能落在女孩子后头呀！

他拼命往嘴里塞瓜子，可就是嗑不快。再看那女孩子，两片嘴唇上下翻飞，瓜子皮就像水龙头里的水似地涌泄出来，眼看着把脚埋住了，接着又把腿埋住了……

皮皮鲁再看别的运动员，有的已经被瓜子皮埋住全身，只剩下一个头在外面还不停地嗑着呢。

观众们起劲儿地嚷着："加油！加油！"

皮皮鲁认输了：女孩子嗑瓜子就是比男孩子行！

"干么开这样的运动会呀！"皮皮鲁真闹不懂。他忽然想起那些大人走路的奇形，那位瓜皮帽叔叔说话的古怪……

"难道……"皮皮鲁的脑子里闪出了一个可怕想法。他简直吓坏了。

（本文为节选）

读后
想一想

1. 文中这个奇怪的比赛是什么？你觉得好玩吗？
2. 皮皮鲁是怎样获得比赛资格的？
3. 《皮皮鲁传》中还有很多有趣的故事呢！如果你喜欢的话，课下找来这本书读一读，好吗？

第四单元

用心发现

jiāng pàn dú bù xún huā　qí wǔ
江 畔 独 步 寻 花（其五）

【唐】杜甫

huáng shī tǎ qián jiāng shuǐ dōng
黄 师 塔 前 江 水 东，

chūn guāng lǎn kùn yǐ wēi fēng
春 光 懒 困 倚 微 风。

táo huā yí cù kāi wú zhǔ
桃 花 一 簇 开 无 主，

kě ài shēn hóng ài qiǎn hóng
可 爱 深 红 爱 浅 红。

【释义】黄师墓地前的锦江水向东流去，因为春光融融，春风和煦，使人感到有些懒困。忽然看到一丛盛开的无主桃花美极了，却使人不知爱深红的好，还是爱浅红的好。

【诵读指导】要读出诗人对和平宁静生活的热爱以及久经离乱后得以安居的喜悦心情。

tián yuán lè　qí liù
田 园 乐（其六）

【唐】王维

táo hóng fù hán sù yǔ　　liǔ lǜ gèng dài zhāo yān
桃 红 复 含 宿 雨，　柳 绿 更 带 朝 烟。

huā luò jiā tóng wèi sǎo　　yīng tí shān kè yóu mián
花 落 家 童 未 扫，　莺 啼 山 客 犹 眠。

【释义】桃花的花瓣上还含着昨夜的雨珠。雨后的柳树碧绿一片，笼罩在早上的烟雾之中。被雨打落得花瓣洒满庭园，家童还未打扫。黄莺啼鸣，山客还在酣睡。

【诵读指导】请读出诗人对田园风光的喜爱、赞美之情。

dì zǐ guī
弟子规

zūn zhǎng qián	shēng yào dī	dī bù wén	què fēi yí
尊 长 前	声 要 低	低 不 闻	却 非 宜
jìn bì qū	tuì bì chí	wèn qǐ duì	shì wù yí
进 必 趋	退 必 迟	问 起 对	视 勿 移
shì zhū fù	rú shì fù	shì zhū xiōng	rú shì xiōng
事 诸 父	如 事 父	事 诸 兄	如 事 兄
zhāo qǐ zǎo	yè mián chí	lǎo yì zhì	xī cǐ shí
朝 起 早	夜 眠 迟	老 易 至	惜 此 时

【释义】在尊长面前说话，要低声细气；声音太低而听不清楚，也不合适。到尊长面前，应快步向前；退回去时，稍慢一些才合礼节。长辈问话时，应当注视聆听，不可以东张西望。对待别人的父辈，要如同对待自己的父亲一般孝顺恭敬；对待别人的兄长，如同对待自己的兄长一样友爱尊敬。早上要比长辈起得早，晚上要比长辈睡得晚；人生易老，珍惜时光。

苹果里的星星

【美国】迪·恩·帕金斯

你知道苹果里的秘密吗？每一个苹果里面都藏着一个可爱的小星星，不信读一读下面这篇文章。不过，读完后想一想，从这个故事中，你有没有明白一个道理呢？

一个人的错误，有可能侥幸地成为另一个人的发现。

儿子走上前来，向我报告幼儿园里的新闻，说他又学会了新东西，想在我面前显示显示。他打开抽屉，拿出一把还不该他用的小刀，又从冰箱里取出一只苹果，说："爸爸，我要让您看看里头藏着什么。""我知道苹果里面是什么。"我说。"来，还是让我切给您看看吧。"他说着把苹果一切两半——切错了。我们都知道，正确的切法应该是从茎部切到底部窝凹处。而他呢，却是把苹果横放着，拦腰切下去。然后，他把切好的苹果伸到我面前："爸爸看哪，里头有颗星星呢。"

真的，从横切面看，苹果核果然显一个清晰的五角星状。我这一生不知吃过多少苹果，总是规规矩矩地按正确的切法把它们一切两半，却从未疑心过还有什么隐藏的图案我尚未发现！于是，在那一天，我孩子把这消息带回家来，彻底改变了冥顽不化的我。

不论是谁，第一次切"错"苹果，大凡都仅出于好奇，或由于

疏忽所致。使我深深触动的是，这深藏其中，不为人知的图案竟具有如此巨大的魅力，它先从不知什么地方传到我儿子的幼儿园，接着便传给我，现在又传给你们大家。

　　是的，如果你想知道什么叫创造力，往小处说，就是苹果——切"错"的苹果。

读后
想一想

　　1. 苹果里面藏着什么秘密？
　　2. 请把文章最后一句话画下来，说说你的理解。
　　3. 你生活里有没有类似的事情？

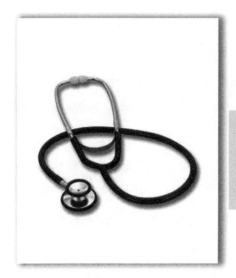

儿童的奇想与发明

李 媒

我们今天许多"文明的奇迹",最初都源自儿童的创造、发现与奇想。每一位儿童都是天生的发明家。下面这篇文章就会给你介绍几位。只要你拥有一颗敏锐的心和善于发现的眼睛,相信你也可以成为一个小发明家。

　　任何一项发明创造都离不开创造灵感。而孩子们天真无邪的问题和常人眼中的"异想天开",在发明者看来却是创造的源泉。

　　1821 年的一天,德国有个农家女孩拿着妈妈的木梳在家门口玩耍。玩腻了,她想出个新花样:找来两张纸片,一上一下贴在木梳上,把它放在唇边,谁知竟呜哩呜哩吹出声了。一个叫布希曼的音乐家路过,被这奇妙的声音吸引住了。他仔细观看了女孩的"杰作",回家后,综合女孩的木梳、中国古筝和罗马笛的发音原理,制成了第一支口琴。

　　无独有偶,听诊器的发明灵感也来自儿童。一次,法国医生雷内克到一位患心脏病的贵妇家去诊病。由于病人过于肥胖,传统的叩诊法无法测得准确的心率,又不便直接用耳朵贴在患者胸部听诊,医生十分为难。回家的路上,他看到一群孩子在一根圆木的一头用针刮划,而另一群孩子把耳朵贴在另一头。出于好奇,他凑上前去,竟清楚地听到了圆木那头的声音。这件事启发了雷内克,不久,听诊器问世了。

　　一次性成像照相机是美国人兰德的发明，提醒他进行这项研究的是他的小女儿。一天，兰德和女儿去公园游览。他给女儿拍了许多照片，拍完后，孩子急切地向爸爸要照片。孩子的要求促使兰德花了好多年工夫研究一次性成像问题，终于在1947年成功地研制出一次性成像照相机。

　　非裔美国人毕寇是位身手不凡的机械师。他的儿子是个报童，整日奔波送报，脚踏车上的链条常常脱落，儿子为此十分苦恼。于是，毕寇用塑胶做了些齿轮，再用木工工具加工，给孩子造了世界上第一辆"两轮传动"的脚踏车——用踏板的力量同时带动两个轮子，这种车能畅行于郊外崎岖的小径。

　　与前几位相似，发明隐形眼镜的比斯特得益于儿子的恶作剧。一天，他正聚精会神地读报，突然，鼻梁上的眼镜被调皮的小儿子打落在地。比斯特正要发火，小儿子却拾起碎镜片，贴在眼前大叫起来。比斯特拿过镜片，果然看到了地上爬行的蚂蚁。他灵机一动，既然碎镜片可以脱离镜架看东西，把它装在眼球上，看东西不是更方便吗？就这样，隐形眼镜诞生了。

　　在日常生活中，到处都有发明创造的契机。发明并不是件高深莫测的事儿。我们今天的许多"文明的奇迹"，最初都源自儿童的创造、发现与奇想。只要你拥有一颗敏锐的心和善于发现的眼睛，你也可以成为一个小发明家。

读后
想一想

　　1. 口琴是怎样发明出来的？
　　2. 医生从孩子们的游戏中想出了怎样的办法？
　　3. 为什么说"只要你拥有一颗敏锐的心和善于发现的眼睛，你也可以成为一个小发明家"？

三种快乐

金 波

快乐是什么？不知你有没有思考过这样的问题。但是读过金波先生的《三种快乐》后，相信你一定会对快乐做出不一样的注解。愿每一个孩子，都能成为一个快乐的人。

发现是一种快乐

那天早晨，我发现湖面开满了金黄的小花，花周围衬着圆圆的叶子。我为自己的发现而高兴。

一连几天，我都来到湖边仔细观察着。我发现，不但湖面开着花朵，浮着圆叶，水下也隐藏着花蕾和叶苞。我发现，当花蕾要开放，叶苞要展开的时候，它们就慢慢伸出了水面。于是，水上就又多了几朵小花和几片圆叶。黄昏到来，花朵谢了，花梗就又慢慢弯下去，扎入水中，结出枣核一样的果实。

我把这些发现讲给伙伴听，他们问我："那是什么花呢？"我张口结舌，回答不上来。

我猜想：是不是浮萍呢？但浮萍是没有根的，叶子也小得多啊！

我又猜想：是不是睡莲呢？但睡莲的叶子要大得多啊，而且花也不是黄色的。

　　我如实告诉他们，我还不知道这花的名字。可是我心里一直在想，如果我连这花的名字都不知道，又怎么能算真正的发现呢？

　　第二天，我早早地来到湖边。有位老爷爷在钓鱼，我便向他请教："请问老爷爷，那是什么花？"他立刻告诉我："它叫水浮莲。"

　　多么好听的名字！现在我才能说，我真正认识水浮莲了。

　　啊，发现是一种快乐。

战胜自己是一种快乐

　　今年夏天，我终于学会了游泳。以往我走在湖岸上的时候，总担心会跌进水里。我很怕水，因为我还不会游泳。

　　我想象水底世界一定像漆黑的夜晚，那浪花像尖利的牙齿，也许还有"水怪"呢！一想到这里，我就害怕水。

　　今年夏天，老师带我们去学游泳。我慢慢走进湖里，水很凉，浪花拍打着我，我的双腿失去了迈步的力量。当我伏在水面时，我很快就沉入水中。我挣扎着跃出水面——难道我会向湖水屈服吗？

　　我看到了老师鼓励的目光，同学亲切的微笑。我变得沉稳、变得镇静。我在同学的呐喊助威声中开始学习划水。我感到身边的浪花簇拥着我，水张开温柔的手，把我轻轻托起。慢慢地，我在水中能自由自在地游动了。大家为我鼓掌。我高兴地想，说不定我能变成人鱼呢！

　　我不再害怕水，水中也是一个自由自在的世界。

能带给别人快乐，就是最大的快乐

在湖边，我看见一位老奶奶独自打捞着什么。我很奇怪，她身边并没有跟着一个孩子，难道是她自己喜欢这孩子们的游戏吗？

我走过去问她："老奶奶，您在捞什么？"她转过头来。她的头发已经灰白了，脸上也有了皱纹，但她的眼睛还是那么亮。她笑眯眯地看着我，说："我的小孙子病了，我不能领他出来玩儿。他让我给他捞几只小蝌蚪带回家。"

我看见她脚边的瓶子里只有清水，一只蝌蚪也没有。老奶奶的手脚已经不那么灵活了，她不熟悉我们小孩子的游戏。我说："老奶奶，我帮您捞吧！"

她很高兴，立刻把网罩子递给我，我在水里搅动了几下，就捞上来几只小蝌蚪。老奶奶高兴得直拍手，连连说："还是你行。"

我又下第二回网，还是在水草里搅动了几下，这次不但捞上来了小蝌蚪，还有两条小鱼。我告诉老奶奶，一条鱼叫绿豆荚，一条鱼叫趴虎儿。老奶奶听得都入神了，不住地点头。

老奶奶双手捧着瓶子，说："这回我的小孙子该高兴了！"她提着瓶子走了。走出很远了，她还回过头来向我招手。我在想，我这能算是帮助了老奶奶吗？但我又想，我帮她打捞的小蝌蚪，能给她生病的小孙子带来一点快乐。

读后
想一想

1. 文章讲了三个怎样的小故事？
2. 从三个故事中，你分别明白了怎样的道理？
3. 你快乐吗？生活中有哪些让你感到快乐的事情？

小·勋爵

【英】弗朗西斯·霍奇森·伯内特

多林考特老伯爵是一个孤独、冷酷、偏激、自私的老人，尤其憎恨小男孩母亲的美国平民出身，对小男孩母子天生怀有敌意。然而，小勋爵幼小的心灵里充盈着友善和纯真，他用一颗爱心不仅赢得了老伯爵的佣人和佃户的爱，也感化了老伯爵坚冰一般冷硬的心。

这到底是怎么一回事？塞德里克一点儿概念都没有。他只知道爸爸是个英国人，因为妈妈曾经告诉过他。但是，在他还是个小不点儿的时候，爸爸就去世了，所以，在他脑子里，关于爸爸的记忆很少。他只记得，爸爸的个头高高的、眼睛蓝蓝的、胡子长长的。还有啊，坐在爸爸的肩膀上，在屋子里转啊转，可好玩了。

自从爸爸去世后，塞德里克发觉，最好不要跟妈妈谈论爸爸。他记得那时候，爸爸生病了，妈妈也病得不轻，而他被别人带到了别的地方；等他回来的时候，一切都完了，家里只剩下妈妈一个人，她刚刚能够费力地坐上窗边的椅子。她穿着黑色的丧服，身体瘦弱，面色苍白，美丽的脸上所有的酒窝都消失了，哀伤的眼睛看上去比以前更大了。

"最最亲爱的，"塞德里克说（爸爸总是那样称呼妈妈，所以小不点儿也学会了），"最最亲爱的，爸爸他好些了吗？"

他感到妈妈的胳膊在颤抖，所以他转过鬈毛头，盯着妈妈的脸。

"最最亲爱的，"他说，"爸爸的病好了吗？"

就在那时，他那颗小小的"爱"心突然告诉他，他最好用双臂环抱妈妈的脖子，用温软的脸颊贴近她的脸颊，然后一遍遍地吻她。当他这么做时，妈妈把脸搁在他的肩膀上，哭得肝肠都快断了。她紧紧地抱住他，就好像她再也不想让他离开身边似的。

"是的，他好了，"妈妈啜泣着说，"他很好，很好。可是咱们——现在就剩下咱们俩了，再没有别人了。"

那时，尽管他很小，不能理解这到底是怎么一回事，到底是什么东西，给他们家带来了如此的悲哀，但他明白，他的高大、英俊而年轻的爸爸死了，再也不会回来了。

每当他谈起爸爸，妈妈就会一个劲儿地哭，所以他暗暗下定决心，最好不要经常提起爸爸。

塞德里克和妈妈都极少结识人，过着一种在一般人看来十分孤独的生活。尽管直到他长大了一点儿，知道没有人来访问他们的原因后，他才意识到他们过的是一种孤独的生活。

塞德里克听说，妈妈曾是个孤儿，爸爸跟她结婚之前，她一直是孤零零一个人。但她非常漂亮。她陪侍着一位富裕而年老的夫人，那位夫人对她一点儿也不好。有一天，塞德里克·爱罗尔上尉来拜访夫人，一眼就看见妈妈急急忙忙地跑上楼梯去，眼眶里噙满了泪水。她看上去是那样的甜蜜、天真而又悲伤，上尉再也忘不了她了。

后来发生了许多奇怪的事情，他们俩相互熟知，进而又倾心相爱、结婚；但是他们的婚姻给他们带来的是几个人的敌意，其中最感到气愤的，不是别人，恰恰是上尉的父亲。老头儿生活在英国，是个有钱有势的老牌贵族。他的脾气坏透了，极端讨厌美国和美国人。塞德里克上尉还有两个哥哥。按照英国法律，只有老大才有权利继承家族无比荣耀的封号和无比庞大的财产。如果老大死了，就由老二继承。所以尽管上尉是这样一个大家族的成员，但他几乎没有机会成为富人。

不过，多亏老天爷给了他一些馈赠。他身材匀称，体魄健壮，举止优雅，脸长得很清秀；他的笑容灿烂，声音甜润而快乐；他勇敢而慷慨，具有世界上最美好的心灵；他似乎有一种特殊的魅力，能让所有的人喜爱他。

他的兄长们就不一样了。他们俩都不英俊，也不友好、不聪明。他们在伊顿中学上学的时候，一点儿也不出名；后来上大学的时候，对学习一点儿兴趣都没有，只是耗费时间和金钱罢了。他们连一个真心的朋友都没有。

他们的父亲，那位伯爵老爷一个劲儿地为他们感到失望和羞辱。他的继承人实在配不上贵族的名誉，到最后都可能不具备男子汉气概和贵族气质，而只是一个自私的、乱花钱的俗人罢了。上帝把所有的力和美都赠予了老三，而老三毕竟只是老三，他只能得到一份极小的财产，一想到这里，伯爵老爷就感到很难过。有时候，他几乎变得厌恶英俊的小儿子，因为小儿子似乎具备所有的优良素质，真正配得上荣耀的封号和庞大的财产。不过，在他那颗傲慢的、僵化的、年老的心灵深处，他情不自禁地对小儿子寄予了厚望。

（本文为节选）

读后
想一想

1. 为什么在塞德里克的脑子里，关于爸爸的记忆很少？
2. 为什么塞德里克暗暗下定决心，最好不要在妈妈面前提起爸爸？

菌儿自传

高士其

在作者笔下，菌儿时而在呼吸道里探险，时而在肠腔里开会，把细菌对人类的危害和如何预防细菌描写得淋漓尽致。全书以生动活泼的形式、妙趣横生的比喻来向人们传播医学科学与公共卫生的知识、思想和精神。

这一篇文章，是我老老实实的自述，请一位曾直接和我见过几面的人记录下来的。

我自己不会写字，写出来，就是蚂蚁也看不见。

我也不曾说话，就有一点声音，恐怕苍蝇也听不到。

那么，这位记录的人，怎样接收我心里所要说的话呢？

那是暂时的一种秘密，恕我不公开吧。

闲话少讲，且说我为什么自称做"菌儿"。

我原想取名为微子，可惜中国的古人，已经用过了这名字，而且我嫌"子"字有点大人气，不如"儿"字谦卑。

自古中国的皇帝，都称为天子。这明明要挟老天爷的声名架子，以号召群众，使小百姓们吓得不敢抬头。古来的圣贤名哲，又都好称为子，什么老子、庄子、孔子、孟子……真是"子"字未免太名贵了，太大模大样了，不如"儿"字来得小巧而逼真。

我的身躯，永远是那么幼小。人家由一粒"细胞"出身，能积成几千，几万，几万万。细胞变成一根青草，一把白菜，一株挂满绿叶的大树，或变成一条蟥蚓，一只蜜蜂，一头大狗、大牛，乃至于大象、大鲸，看得见，摸得着。我呢，也是由一粒细胞出身，虽然分得格外快、格外多，但只恨它们不争气，不团结，所以变来变去，总是那般一盘散沙似的，孤单单的，一颗一颗，又短又细又寒酸。惭愧惭愧，因此今日自命做"菌儿"。为"儿"的原因，是因为小。

至于"菌"字的来历，实在很复杂，很渺茫。屈原所作《离骚》中有这么一句："杂申椒与菌桂兮，岂惟纫夫蕙茝。"这里的"菌"，是指一种香木。这位失意的屈先生，拿它来比喻贤者，以讽刺楚王。我的老祖宗，有没有那样清高，那样香气熏人，也无从查考。

不过，现代科学家都已承认，菌是生物中之一大类。菌族菌种，很多很杂；菌子菌孙，布满地球。你们人类所最熟识者，就是煮菜煮面所用的蘑菇、香蕈之类，那些像小纸伞似的东西，黑圆圆的盖，硬短短的柄，实是我们菌族里的大汉。当心呀！勿因味美而忘毒，那大菌，有的很不好惹，会毒死你们贪吃的人呀。

至于我，我是菌族里最小最小、最轻最轻的一种。小得使你们肉眼，看得见灰尘的纷飞，看不见我们也夹在里面飘游。轻得我们好几十万挂在苍蝇脚下，它也不觉着重。真的，我比苍蝇的眼睛还小 1000 倍，比顶小一粒灰尘还轻 100 倍哩。

因此，自我的始祖，一直传到现在，在生物界中，混了这几千万年，没有人知道有我。大的生物，都没有看见过我，都不知道我的存在。

不知道也罢，我也乐得过着逍逍遥遥的生活，没有人来搅扰。天晓得，后来，偏有一位异想天开的人，把我发现了，我的秘密，就渐渐地泄露出来，从此多事了。

这消息一传到众人的耳朵里，大家都惊惶起来，觉得我比黑暗里的影子还可怕。然而始终没有和我对面会见过，仍然是莫明其妙，恐怖中，总带着半疑半信的态度。

"什么'微生虫'？没有这回事，自己受了风，所以肚子痛了。"

"哪里有什么病虫？这都是心火上冲，所以头上脸上生出疖子疔疮来了。"

"寄生虫就说有，也没有那么凑巧，就爬到人身上来。我看，你的病总是湿气太重的缘故。"

这是我亲耳听见过三位中医，对于三位病家所说的话。我在旁暗暗地好笑。

他们的传统观念，病不是风生，就是火起，不是火起，就是水涌上来的，而不知冥冥之中还有我在把持活动。

因为冥冥之中，他们看不见我，所以又疑云疑雨地叫道："有鬼，有鬼！有狐精，有妖怪！"

其实，哪里来的这些魔物，他们所指的，就是指我，而我却不是鬼，也不是狐精，也不是妖怪。我是真真正正、活活现现、明明白白的一种生物，一种最小最小的生物。

既然也是生物，为什么和人类结下这样深的大仇，天天害人生病，时时暗杀人命呢？

说起来也话长，真是我有冤难申，在这一篇自述里面，当然要分辨个明白，那是后文，暂搁不提。

因为一般人，没有亲见过，关于我的身世，都是出于道听途说，传闻失真，对于我未免胡乱地称呼。

虫，虫，虫——寄生虫，病虫，微生虫，都有一个字不对。我根本就不是动物的分支，当不起"虫"字这尊号。

称我为寄生物，为微生物，好吗？太笼统了。配得起这两个名称的，又不止我这一种。

唤我做病毒吗？太没有生气了。我虽小，仍是有生命的啊。

病菌，对不对？那只是我的罪名，病并不是我的职业，只算是我非常时的行动，真是对不起。

是了，是了，微菌是了，细菌是了。那固然是我的正名，却有点科学绅士气，不合于大众的口头语，而且还有点西洋气，把姓名都颠倒了。

菌是我的姓。我是菌中的一族，菌是植物中的一类。

菌字，口之上有草，口之内有禾，十足地表现出植物中的植物。这是寄生植物的本色。

我是寄生植物中最小的儿子，所以自愿称做菌儿。以后你们如果有机缘和我见面，请不必大惊小怪，从容地和我打一声招呼，叫声菌儿好吧。

（本文为节选）

读后
想一想

1. 为什么"我"自称"菌儿"？
2. 人们通常用怎样的观点看待"我"？
3. 你喜欢高士其爷爷的《菌儿自传》吗？如果喜欢，课下找来这本书读一读吧。

wǎn chūn
晚 春

【唐】韩愈

cǎo shù zhī chūn bù jiǔ guī
草 树 知 春 不 久 归，

bǎi bān hóng zǐ dòu fāng fēi
百 般 红 紫 斗 芳 菲。

yáng huā yú jiá wú cái sī
杨 花 榆 荚 无 才 思，

wéi jiě màn tiān zuò xuě fēi
惟 解 漫 天 作 雪 飞。

【释义】花草树木知道春天即将归去，都想留住春天的脚步，纷纷争奇斗艳。就连那没有美丽颜色的杨花和榆钱也不甘寂寞，随风起舞，化作漫天飞雪。

【诵读指导】请读出作者对春天的留恋之情。

chú zhōu xī jiàn
滁州西涧

【唐】韦应物

dú lián yōu cǎo jiàn biān shēng
独 怜 幽 草 涧 边 生，

shàng yǒu huáng lí shēn shù míng
上 有 黄 鹂 深 树 鸣。

chūn cháo dài yǔ wǎn lái jí
春 潮 带 雨 晚 来 急，

yě dù wú rén zhōu zì héng
野 渡 无 人 舟 自 横。

【释义】河边生长的野草，是那样幽静而富有生趣；河岸上茂密的丛林深处，不时传来黄莺鸟的叫声，是那样婉转动听。因为傍晚下了春雨，河面像潮水一样流得更急了，在那暮色苍茫的荒野渡口，已没有人渡河，只有小船独自横漂在河边上。

【诵读指导】请读出作者内心孤独寂寞的心情。

dì zǐ guī
弟子规

chén bì guàn	jiān shù kǒu	biàn niào huí	zhé jìng shǒu
晨必盥	兼漱口	便溺回	辄净手
guān bì zhèng	niǔ bì jié	wà yǔ lǚ	jù jǐn qiē
冠必正	纽必结	袜与履	俱紧切
zhì guān fú	yǒu dìng wèi	wù luàn dùn	zhì wū huì
置冠服	有定位	勿乱顿	致污秽
yī guì jié	bù guì huá	shàng xún fèn	xià chèn jiā
衣贵洁	不贵华	上循份	下称家

【释义】早晨起床，务必洗脸梳妆、刷牙漱口；大小便后，马上洗手；穿戴仪容整洁，扣好衣服纽扣；袜子穿平整，鞋带应系紧。放置衣服时，要有固定的位置；衣物不要乱放，避免造成脏乱。服装贵在整洁，不在华丽。穿着上要根据自己的身份，与家庭的情况相称。

法布尔的故事

桑 榆

法国有位"昆虫大王",你知道他是谁吗?他就是法布尔。这位昆虫大王一生抱着对"科学真理的挚爱"精神,去探索昆虫世界,从而发现了一个崭新的世界。下面就让我们走近他的童年,感受一下他对昆虫的热爱。

法布尔出生在法国南部山区的一个小村庄里。村前小溪流水,村外山野树林,环境十分优美。

法布尔小时候,别说图书了,就连识字画片也没有。他和小伙伴们只能打土仗,捉"俘虏",做占山为王的游戏。他们几乎成了一群一身泥土的"野"孩子。小小的法布尔有一点与其他孩子不同,他对大自然里发生的事情特别感兴趣,特别好奇。不论是水里的游鱼,还是空中的飞鸟、花丛中的蝴蝶……他总喜欢给自己提出一连串的问题:"鱼儿睡不睡觉?""鸟儿长不长牙齿?""蝴蝶为什么这样漂亮?"……这些问题,大人们也常常回答不出来。于是他时常留心观察飞禽和昆虫,自己寻找答案。

一个深秋的夜晚,睡在祖母身边的法布尔,突然听见房屋背后,荒草滩里响起一阵"唧——唧唧唧"的虫鸣声,声音清脆好听。是蟋蟀?比蟋蟀的声音小多了。是山雀?山雀不会连续叫个不停,更何况在漆黑的夜晚呢。

"奶奶，奶奶，这是什么在叫呀?"法布尔问。祖母开始打瞌睡了，迷迷糊糊地答道："睡吧，也许……是狼。"法布尔不愿推醒奶奶，又挡不住虫鸣的诱惑，他悄悄地穿上鞋，开了门，摸黑到草丛中去，想看个究竟。野草划破了他的手，也没有把那只小虫找到。

法布尔7岁那年，家里送他到邻村的一座小学读书。这是一所设备非常简陋的学校，全校只有一间茅草屋，一名教师。这位老师是一位动物爱好者，饲养了猪、鸡、羊、鸽子、黄莺、蜜蜂，还有一只招人喜爱的小刺猬。法布尔在这儿除了功课，还学到了不少小动物方面的知识。

小法布尔对动物特别是昆虫的兴趣越来越浓。一天，父亲赶集回来，给他买了一张"动物挂图"和一本寓言集。寓言集里有许多禽兽、小虫的精美插图，法布尔爱不释手，他逐渐痴迷上了对昆虫的研究。

有一回，他在大路边，发现一群蚂蚁在搬运一只死苍蝇。蚂蚁们像在紧张地从事一项巨大工程，有的拼命拉，有的调兵遣将，有的传递信息……多繁忙的劳动场面哪! 法布尔被吸引住了，他趴在路边，掏出放大镜，一动不动地观察蚂蚁们的行动。下地劳动的人们从他身边走过，看见他趴在那儿；他们结束劳动回家时，他还趴在那儿。他们无法理解小法布尔的行为，说："这孩子大概'中了邪'!"法布尔为了捕捉一只小虫，常常喘着气跟着虫子奔跑。有时候，为了不损伤虫子的腿或翅膀，他宁愿自己绊一跤。

一年冬天，他生病躺在床上。当他看到几只冻僵了的昆虫时，便把它们放进自己的怀里。昆虫慢慢地苏醒了，法布尔特别高兴。法布尔研究昆虫，进入了"忘我"的境界。

1858 年，法布尔获得博士学位后，一直从事生物学和昆虫行为学研究，成果卓著。

对未知世界的探索，可以始于兴趣，但不能止于兴趣。法布尔抱着对"科学真理的挚爱"精神，去探索昆虫世界，从而发现了一个崭新的世界。

读后
想一想

1. 小法布尔有哪些与其他孩子不同的地方？
2. 从哪里看出小法布尔对昆虫的兴趣越来越浓？
3. 我们应该向小法布尔学习怎样的精神？

奇特的语言

彭懿吴

> 俗话说："人有人言，兽有兽语。"那么对于这个星球上，身材娇小的"公民"——蚂蚁来说，它们又是如何用自己的独特的语言彼此交流呢？读一读《奇特的语言》一文，让我们走进神奇的蚂蚁世界吧！

在经常有蚂蚁活动的地方，你可以做这样一个小实验：把一小块馒头片或者一只死苍蝇放在有蚂蚁来往的路上，过一会儿，你就会看到：蚂蚁用上颚钳住它，想把它拉走。如果一只蚂蚁拉不动的话，它便匆匆地爬走。但是不大一会儿，就会有许多蚂蚁一起赶来。它们拉的拉，推的推，齐心合力，终于把比它们身体大许多倍的食物搬进巢里。

这些蚂蚁是怎么得到消息的？原来，小小的蚂蚁也有它们自己的"语言"，不过它们是用鼻子"说话"的，是一种气味语言。你会感到奇怪，蚂蚁的鼻子长在哪里呢？气味语言又是怎么回事儿？

蚂蚁的头上有一对触角，看上去好像一对鞭子。它不仅会动，还能"闻"气味，这就是它的鼻子。在触角的表面，有许多我们肉眼看不见的小孔，在小孔里面有专管闻气味的细胞。这对触角就是蚂蚁的嗅觉器官。

蚂蚁腹部末端的肛门和腿部的腺体，能分泌一种有各种特殊气味的化学物质，叫做外激素，又叫做信息素。这就是蚂蚁用来传送消息的工具。

当一只蚂蚁遇到一大堆自己搬不动的食物，它立刻掉头就走，回巢报信。它在回巢的路上，一面走，一面从肛门里排出一滴滴的信息素，滴到路上，为的是告诉同伴们沿着这条路就能找到食物。由于这种气味起了路标的作用，科学家就把它叫做示踪信息素。

报信的蚂蚁回巢以后，就用两根触角碰撞巢里蚂蚁的触角，告诉它们食物在哪里，走哪条路线。这时候，得到消息的蚂蚁很兴奋，急急忙忙沿着气味路标找到食物，然后便共同努力，把食物搬回巢。

我国人民很早就知道蚂蚁有极其灵敏的嗅觉，我国的古书上还记载着这方面的小故事。相传公元前203年，楚霸王项羽被汉王刘邦逼到乌江边上，正准备渡江，突然看见岸边草地上有"项羽必败"四个大字。项羽走近仔细一看，这四个大字是由许许多多蚂蚁组成的。他大吃一惊，觉得他的失败乃是天意，于是心灰意懒，拔出剑来，咬咬牙，在乌江边上自杀了。

当然，楚霸王自杀有许多原因，可是四个大字也确实对他刺激不小。蚂蚁为什么会"写"出这样的字呢？原来，这是刘邦手下的大将韩信用的计。韩信预料项羽被打败以后，必定会从这里走，事先叫人在江边草地上用又甜又黏的饴糖汁写了"项羽必败"四个大字。附近的蚂蚁闻到了甜味，纷纷爬到上面来，结果都被粘到糖汁上面，因而组成了"项羽必败"四个大字。

蚂蚁打仗也是依靠气味传递情报的。一场蚂蚁战争，往往是"边界"冲突引起的。蚂蚁家庭的"边界"不像人类的国界，它们既不立桩，也不依靠山水地势，而是凭着气味。每个蚂蚁家庭都有自己特殊的气味，每一只蚂蚁也都能根据气味认出自己的伙伴，绝对不会同别窝的蚂蚁混在一起。

如果侵略者闯入其他蚂蚁的"边界"，负责警卫的工蚁发现以后，就排出"告警信息素"，向伙伴们发出"警报"。巢内蚂蚁闻到"警报"以后，个个精神振奋，准备参战。当告警气味很浓的时候，预示着大祸临头，情况十分危急。这时候，工蚁们抬着蚁后，携儿带女赶紧逃跑，另立新居。还有这种情况：气氛太紧张了，蚂蚁内部也乱作一团，甚至互相残杀起来。

如果入侵者已经撤走，工蚁们就用脚挖土，掩盖"告警信息素"，消除气味，表示战争结束了。

不过，气味有时也会使蚂蚁之间发生误会。有的蚂蚁不幸死在巢里，它的尸体发出一种难闻的臭味，伙伴们闻到臭味，立刻就七手八脚地把它抬到巢外掩埋。如果一只健康的蚂蚁身上也沾染了这种气味，伙伴们连看都不看一眼，不管三七二十一，也把它扔出巢外。原来，蚂蚁是单凭气味办事的。

在同巢蚂蚁的活动范围内，到处都有气味路标，所以，外出回巢的蚂蚁，一般地只要闻到一个路标，就不会迷失方向。

不同种类的蚂蚁所设置的路标，保留的时间长短不同。有的像闪电一样，很快就消失了；有的可保留十几天；切叶蚁的路标保留的时间更长——有好几个月。

蚂蚁不光有嗅觉器官——触角，还有视觉器官——眼睛。

蚂蚁和其他昆虫一样，头部有一对复眼。蚂蚁的每只复眼大约由五十只小眼组成。蚂蚁主要依靠复眼观察外界环境。除了复眼以外，蚂蚁的头顶上还有三只单眼。单眼只能辨别光线的强弱和观察对象的距离。

蚂蚁复眼的视力弱，所以，它还需要借助触角的嗅觉，才能灵活地行动。

读后
想一想

1. 蚂蚁是怎么得到消息的？
2. 根据文章的叙述，"示踪信息素"是指什么？
3. 每个蚂蚁家庭靠什么辨认出自己的伙伴？

神秘的海洋"无底洞"

海洋中的"无底洞",又称"死海"或"海洋黑洞"。在"无底洞"所在的海域,发生过众多起神秘海难。科学家们数次进行实验,想探究里面的原因,都是无功而返。让我们走进下面的文章,一起感受神秘的海洋"无底洞"。

海洋中的"无底洞",又称"死海"或"海洋黑洞"。在"无底洞"所在的海域,发生过众多起神秘海难。目前所知海洋"无底洞"有两处,分别在印度洋和地中海。

印度洋"无底洞"位于印度洋北部海域,半径约3海里。这里的洋流属于典型的季风洋流,受热带季风影响,一年有两次流向相反的变化洋流。这片海域有着异常的振动及电磁反应。

2007年8月,装备有先进探测仪器的澳大利亚"哥伦布号"科学考察船专程到印度洋"无底洞"科考。考察的科学家认为"无底洞"可能是个从未认识的海洋"黑洞"。探测发现,"无底洞"海域海水振动频率高且波长较短,而其周边附近海水则振动频率低且波长较长,由此推测"黑洞"可能存在着一个由中心向外辐射的巨大引力场,具体还有待于进一步考察。他们还在"无底洞"探测到29艘大型失事船只,平均每海里失事的大型船只高达4.5艘,假如以每艘海难船罹难30人计算,就有惊人的870人葬身"无底洞"。

无独有偶，在地中海东部希腊克里亚岛的阿哥斯托港附近海域，有一个许多世纪以来一直在大量吸取海水的"无底洞"，人们称之为地中海"无底洞"。据估计，每天失踪于这个"无底洞"里的海水竟有3万吨之多。为了揭开其秘密，美国地理学会曾派遣一支考察队去进行科学考察。科学家们用玫瑰色的塑料小颗粒替海水做了"记号"。这些东西不会溶解在水里，也不会完全沉下去，因为它们的密度各不相同。他们把130千克负有特殊使命的玫瑰色的塑料小颗粒抛掷入旋转的海水里。一会儿所有塑料小颗粒就被旋转的海水聚成一个整体，然后被无底深渊所吞没。

科学家们对这次实验寄于极大的希望，他们渴望着把其秘密揭穿，哪怕能在附近找到一粒玫瑰色的塑料小颗粒也好。然而他们的计划落空了。至今谁也不知道为什么这里的海水竟然会没完没了地"漏"下去？这个"无底洞"的出口在哪里？每天大量的海水究竟又流到了哪里？地中海"无底洞"成了千古之谜。

（注：本文作者不详）

读后
想一想

1. 目前所知海洋"无底洞"有两处，分别在哪里？
2. 为了揭开"无底洞"的秘密，科学家们都做了哪些努力？
3. 为什么说地中海"无底洞"成了千古之谜？

时代广场的蟋蟀

【美】乔治·塞尔登

《时代广场的蟋蟀》讲了蟋蟀柴斯特从没想过离开康涅狄格州乡下的草场，可它却因贪吃跳进了一个野餐篮，被带到纽约最繁华的地方——时代广场的地铁站。在人情冷漠的纽约，幸运的柴斯特遇到了聪明又略带市侩的塔克老鼠和忠诚、憨厚的亨利猫，还遇到了爱它的主人——男孩玛利欧。蟋蟀柴斯特用它绝妙的音乐天赋回报了朋友们的真诚友情，帮助玛利欧一家摆脱了困境，自己还成为了震惊整个纽约的演奏家！

老鼠的名字叫塔克，它正坐在美国纽约市时代广场地铁车站一个废弃的排水管出口上。这根排水管就是它的家。从这儿往后几米，靠墙的地方，可以直通进一个洞穴，不过那儿早已经被塔克到处捡来的纸屑和布条给塞满了。平常，如果塔克不睡觉的时候，它就爱坐在排水管的出口上，看着外面来来往往的花花世界——嗯，至少是时代广场地铁车站上行色匆匆的这部分世界。

塔克把正吃着的那最后一点儿饼干屑吞下了肚，这可是傍晚才找到的一些罗娜唐恩厂的酥饼呢！它舔了舔嘴边的胡子，叹着气说了声："真可怜哪！"差不多有一年了，每个星期六的晚上，它都这么望着玛利欧替他爸爸照顾这个报摊。当然喽，平常的日子，这孩子总是得早早上床睡觉的，只有周末这一天，白利尼老爸才会让玛利欧代替他，在这里照顾家里的这份买卖。玛利欧总是看店看到夜深人静。白利尼老爸原本希望摊子开得晚一些，能多做一点儿生意，把那些本来会去光顾大书报摊的客人抢过来。但是今晚却没有多少顾客上门。

"这个可怜的孩子还不如早点儿回家去算了。"塔克老鼠自言自语地说着。它四下看了看这个车站。

这时候，白天的嘈杂早已平息，就连那些看完晚场戏剧和电影的人群，也都已经销声匿迹。只是偶尔还会有一两个人，从街道上直通地下的楼梯上直奔下来，快步穿过月台。在这样的时刻，哪一个人不是急着想上更下一层的地方，地铁班车跑得更稀落了。总是有好长一段时间，下头都是静悄悄的。然后才偶尔会有那么一班列车驶近时代广场，隆隆声打破了寂静。接下来是供乘客上下车那一小段时间的停顿。最后火车又轰隆隆地起步，消失在隧道那头。于是，一切又安静下来，空气里弥漫着一种空虚，仿佛整个车站始终都在等待着那些成群的人潮投向它的怀抱。

塔克老鼠回头看着玛利欧。他正坐在柜台后面一把三条腿的高板凳上，前面放着一摞摞他绞尽了脑汁才排得整整齐齐的杂志和报纸。这个报摊是白利尼老爸自己在好多年前弄起来的。里面的空间对玛利欧而言，算是够大的了，但是轮到爸爸或妈妈看店的时候，他们可就够受了。摊子的一边被一个架子占满了，上面放了一个小小的旧收音机。还有面巾纸是给妈妈过敏打喷嚏时候用的，火柴是给爸爸点烟斗用的，钱箱是装钱用的，尽管里面的钱并不多；还有一个闹钟，不晓得有什么用。这个钱箱有一个抽屉，却是成天敞开着。那是因为有一次，抽屉竟然卡住，把白利尼全家所有的钱给锁在里头了。从那以后，爸爸就决定不再把它关上，比较安全一点儿。就算是报摊晚上打烊休息了，钱也就这么留在里面，第二天再开门营业。因此老爸做了个大木盖子，上面还加上了锁，好把这整个摊子都罩住。

本来玛利欧一直都在听收音机，现在他却把它给关了。他看到铁道那头，一班列车的灯光正朝他快速靠近。往来奔驰在报摊这层车站轨道上的，只有一趟固定路线的区间车，就是来回时代广场到中央车站的短程列车，负责把人们从纽约市西区的地铁载到东区的干线上去。这条线上大多数的列车长都认识玛利欧，他们也都很喜欢他，常会在经过的时候，过来跟他打声招呼。火车发出刺耳的声音，在报摊旁边停了下来，车身还喷着一缕缕的热气。只有几个人下车。塔克紧张地注意着他们的神色，看看有没有想要买份报纸的。"最新的报纸！"他们经过的时候，玛利欧这么喊叫着，"好看的杂志！"没人停下脚步，根本没什么人注意到他。玛利欧又跌坐回板凳上。这整个晚上，他只卖掉了十五份报纸和四本杂志。坐在排水管边上的塔克老鼠，它一直都在那里帮忙数着钱，也不禁叹了口气，一边猛搔着耳朵。

玛利欧的朋友保罗，是班车上的列车长，他走到了报摊旁边，问："生意还好吗？"

"不大好，"玛利欧说，"也许下一班车会好些吧！"

"下半夜以后，车上的人会越来越少的。"保罗说。

玛利欧两手托住下巴，"我真搞不懂！"他说，"同样都是星期六晚上，怎么今天连星期天的报也没人买。"

保罗靠在报摊上，说："你今天晚上留得好晚。"

"嗯，反正我明天还可以睡。"玛利欧说，"何况，学校现在已经放假了。妈妈、爸爸他们回家的时候会过来接我。他们去看一些朋友了，只有星期六他们才有机会休息。"

聊到这儿，播音器里传来了广播："二号线去往中央车站的班车马上就要开了，请旅客赶快上车！"

"晚安啦，玛利欧！"保罗道了别，迈步往班车走去。忽然，他停下来，把手伸进口袋，掏了一个五角钱的银币往柜台上一丢。玛利欧接住了这枚大硬币。"我要一份星期天的时报。"保罗说着，拿起了报纸。

"嗨，等等！"玛利欧在后面叫着他，"这只要两毛五分就够了，还要找你钱哪！"

但是保罗早已经上了车，车厢门也从两边滑过来，关上了。他从窗户里朝玛利欧微笑着，挥了挥手。火车滑出了月台，灯光在黑暗中渐渐淡去。

塔克老鼠也露出微笑，它喜欢保罗。事实上，它喜欢每一个对玛利欧好的人。只不过现在已经很晚了，是它爬回墙上那个舒适的窝里睡觉的时候了。就算是一只活跃在时代广场地铁车站里的老鼠，有时候也得去睡上一会儿。塔克已经为明天做好了充实的计划。它得再去为它的家多收集一点儿东西，同时也要逮个机会，从卖午餐的餐台那边，把那些掉得满地都是的食物捡点儿回来。没想到，就在它刚刚转身要回排水管去的时候，却听到了一个奇怪的声音。

（本文为节选）

1. 根据文章的叙述，塔克是一只怎样的老鼠？
2. 玛利欧的生意好做吗？从哪儿看出来？

小坡的生日

老 舍

作品以生活在南洋的男孩小坡和他的妹妹为主人公，讲述了小坡生活中的有趣故事。故事后半段完全是小坡的梦境，但也隐含了作者对南洋种种现实弊端的嘲讽。

哥哥是父亲在大坡开国货店时生的，所以叫作大坡。小坡自己呢，是父亲的铺子移到小坡后生的；他这个名字，虽没有哥哥的那个那么大方好听，可是一样的有来历，不发生什么疑问。

可是，生妹妹的时候，国货店仍然是开在小坡，为什么她不也叫小坡？或是小小坡？或是二小坡等等？而偏偏的叫作仙坡呢？每逢叫妹妹的时候，便有点疑惑不清楚。据小坡在家庭与在学校左右邻近旅行的经验，和从各方面的探听，新加坡的街道确是没有叫仙坡的。你说这可怎么办！这个问题和"妹妹为什么一定是姑娘"一样的不能明白。哥哥为什么不是姑娘？妹妹为什么一定叫仙坡，而不叫小小坡或是二小坡等等？简直别想，哎！一想便糊涂得要命！

妈妈这样说，大坡是在哪儿生的，小坡和仙坡又是在哪儿生的，这已经够糊涂半天的了；有时候妈妈还这么说，哥哥是由大坡的水沟里捡了来的，他自己是从小坡的电线杆子旁边拾来的，妹妹呢，是由香蕉树叶里抱来的。好啦，香蕉树叶和仙坡两字的关系又在哪里？况且"生的"和"捡来的"又是一回事，还是两回事？"妈妈，妈妈，好糊涂！"一点儿也不错。

也只好糊涂着吧！问父亲去？别！父亲是天底下地上头最不好惹的人：他问你点儿什么，你要是摇头说不上来，登时便有挨耳瓜子的危险。可是你问他的时候，也猜不透他是知道，故意不说呢；还是他真不知道，他总是板着脸说："少问！""缝上他的嘴！"你看，缝上嘴不能唱歌还是小事，还怎么吃香蕉呢！

问哥哥吧？呸！谁那么有心有肠地去问哥哥呢！他把那些带画儿的书本全藏起去不给咱看，一想起哥哥来便有点发恨！"你等着！"小坡自己叨唠着，"等我长大发了财，一买就买两角钱的书，一大堆，全是带画儿的！把画儿撕下来，都贴在脊梁上，给大家看！哼！"

问妹妹吧？唉！问了好几次啦，她老是摇晃着两条大黑辫子，一边儿跑一边娇声细气地喊："妈妈！妈妈！二哥又问我为什么叫仙坡呢！"于是妈妈把妹子留下，不叫再和他一块儿玩耍。这种惩罚是小坡最怕的，因为父亲爱仙坡，母亲哥哥也都爱她，小坡老想他自己比父母哥哥更多爱着妹妹一点才痛快；天下哪儿有不爱妹妹的二哥呢！

　　"昨儿晚上，谁给妹妹一对油汪汪的槟榔子儿？是咱小坡不是！"小坡搬着胖脚指头一一地数，"前儿下雨，谁把妹妹从街上背回来的？咱，小坡呀！不叫我和她玩？哼！那天吃饭的时候，谁和妹妹斗气拌嘴来着？咱……"想到这里，他把脚指头拨回去一个，作为根本没有这么一大回事；用脚指头算账有这么点好处，不好意思算的事儿，可以随便把脚指头拨回一个去。

　　还是问母亲好，虽然她的话是一天一变，可是多么好听呢。把母亲问急了，她翻了翻世界上顶和善顶好看的那对眼珠，说：

　　"妹妹叫仙坡，因为她是半夜里一个白胡子老仙送来的。"

　　小坡听了，觉得这个回答倒怪有意思的。于是他指着桌儿底下摆着的那几个柚子说："妈！昨儿晚上，我也看见那个白胡子老仙了。他对我说：'小坡，给你这几个柚子。'说完，把柚子放在桌儿底下就走了。"

　　妈妈没法子，只好打开一个柚子给大家吃；以后再也不提白胡子老仙了。妹妹为什么叫仙坡，到底还是不能解决。

（本文为节选）

　　读后
　　想一想

　　1.什么问题让小坡一想便糊涂得要命？
　　2.你喜欢文中这个故事吗？为什么？
　　3.下课后快快找来《小坡的生日》这本书读一读，好吗？说不定你会喜欢上它呢！